T0047695

# Los libros, eso es bueno para los bebés

Editor de Océano Travesía: Daniel Goldin

LOS LIBROS, ESO ES BUENO PARA LOS BEBÉS

Título original: LES LIVRES, C'EST BON POUR LES BÉBÉS

Tradujeron Lirio Garduño y Jean Pierre Buono
de la edición original en francés de Calmann-Lévy, París.



Publicado según acuerdo con Calmann-Lévy.

Diseño de la colección: José Francisco Ibarra Meza π



PRIMERA EDICIÓN
PRIMERA REIMPRESIÓN

ISBN: 978-84-494-3769-4 (Océano España)
ISBN: 978-970-777-414-8 (Océano México)



HECHO EN MÉXICO / *MADE IN MEXICO*
IMPRESO EN ESPAÑA / *PRINTED IN SPAIN*

# Los libros, eso es bueno para los bebés

MARIE BONNAFÉ

Traducción de
Lirio Garduño y Jean Paul Buono

OCEANO Travesía

A Jeanne Tall, mi madre, y al doctor Lucien Bonnafé,
mi padre, quien combatió la enajenación de
las instituciones y de las terapias psiquiátricas.
A ambos mi agradecimiento por todo lo que me transmitieron.

La verdad práctica pasa por los caminos de la poesía.

Para Alice

*Una pequeña chispa transmite una gran llama*
*después de mí, quizá, para días mejores*
Dante, *El Paraíso*, Canto I

Para Marc, Christine, y mis nietas, Marion y Jeanne Villechenoux

El doctor Tony Lainé fue jefe del servicio en cuyo seno se creó la asociación ACCES[1]. El doctor Lainé, que fue autor de *La raison du plus fou*, Editions Sociales, 1976 (La razón del más loco), co–autor de *Le bébé est une personne*, 1984 (El bebé es una persona) y de muchas obras más incluyendo programas televisivos, nos dejó en agosto 1992. En todo momento y en todo lugar nos invitaba a que ayudásemos a aquellos que padecían dificultades sociales a encontrar las fuentes de la cultura. A este hombre de gran saber le parecía ridículo y limitado apropiarse de conceptos estéticos sin antes poner en marcha este proceso. Sin su ánimo y sin su apoyo, sin los intercambios con él y sin la libertad que siempre supo otorgarnos, esta aventura no hubiese sido posible; la continuamos así, siguiendo su huella.

A él va toda nuestra gratitud.

**Agradecimientos**

Mi agradecimiento al profesor René Diatkine, con quien fundamos ACCES. El profesor Diatkine presidió esta institución hasta 1997. Él me aportó la riqueza de su reflexión creativa a lo largo de nuestro trabajo común.

Este libro es el fruto de un trabajo conjunto que empezó hace veinte años. Agradezco aquí a todo el grupo fundador y animador de ACCES.

Las observaciones citadas fueron recogidas durante las sesiones ACCES de animación de libros para bebés, llevadas a cabo por Claudia Brandao, Cécile Camus, Patricia Pereira–Leite, Isabelle Sauer, Nathalie Virnot.

[1] ACCES, Acciones Culturales Contra las Exclusiones y las Segregaciones.

Un sólo nombre de pila, "Stella", las representa a todas, y sirve para describir aquí los pequeños fragmentos de sus muy ricas experiencias.

Recibimos desde el principio de nuestra acción apoyos valiosos, perdurables y múltiples, evocados a lo largo del texto y el anexo. Recibimos la ayuda de padres de familia, profesionales, asociaciones, servicios públicos del Estado y de diferentes comunidades, así como diversas publicaciones... expreso aquí mi más profundo agradecimiento a todos ellos.

Espero que esta obra muestre el trabajo que hemos impulsado y que contribuya a consolidar los intercambios y las experiencias, ¡sin olvidar la contribución de los bebés y de las generaciones futuras! Agradezco asimismo a Sabine Noël y a Claudie Tabet quienes me brindaron sus valiosos consejos, al doctor Yves Manela por su contribución en la elaboración de este trabajo, a Brigitte Sèbile cuya ayuda cálida y constante a lo largo de la redacción me permitió finalizar esta obra, la cual refleja nuestra experiencia común.

En esta nueva edición, expreso toda mi gratitud a Marie-Claire Bruley quien contribuyó a las modificaciones. También a Zaïma Hamnache; a Joëlle Turin, cuyos conocimientos en literatura juvenil fueron una ayuda invaluable; a Ourida Aliouane y, desde luego, a todo el equipo de ACCES cuyas animadoras siguen recopilando y analizando nuevas observaciones con otros bebés.

# Liminar a la primera edición en español

Los libros, eso es bueno para los bebés... Apenas es necesario remarcar la novedad de esta aseveración en países, como los nuestros, en los que la mayor parte de la población tiene su primer contacto con los libros al ingresar a la escuela.

Pero, más que abundar en su novedad (que con frecuencia es sólo un engañoso barniz), me interesa destacar el efecto renovador que la propuesta de su autora (y del grupo al que ella pertenece) puede tener al menos en tres ámbitos: el entorno familiar, el de los profesionistas dedicados a la primera infancia (educadores, pediatras, psicólogos, trabajadores sociales, etc.) y el de las personas vinculadas con la formación de lectores (maestros, bibliotecarios, educadores o promotores de lectura).

Esto es posible porque, como lo comprenderá el lector al leer las páginas que dan sustento intelectual de esta obra, Bonnafé concibe al libro como un dispositivo que supone y propicia ciertas modalidades del lenguaje oral, y por tanto de relaciones intersubjetivas, y porque contempla al trabajo cultural con la primera infancia como un acción que incide no sólo en el desarrollo de los pequeños, sino en la reestructuración de los adultos ligados a él. Es decir, estamos muy lejos del discurso habitual de alabanza al libro y a la lectura, y de una concepción del acercamiento a la oferta cultural como algo suntuario.

Durante las últimas décadas se ha vuelto común escuchar loas al libro y a la lectura. Esas alabanzas pueden tener un efecto neutralizador (ante el que nadie puede externar sus dudas o vivencias) e incluso mistificador, que lejos de contribuir a una mejor distribución de los bienes culturales, favorezca la perpetuación de las desigualdades. En ese universo discursivo a menudo se suponen fronteras infranqueables entre oralidad y escritura, letrados e iletrados, recreación y conocimiento, o tradición y modernidad, por citar algunos ejemplos.

Al situarse en la primera infancia –en la que naturalmente se encuentran ligados el desarrollo psíquico, social y afectivo– la perspectiva adoptada por Marie Bonnafé permite ver y establecer relaciones de continuidad entre esos polos opuestos. Pero lo más importante es que siempre se hace desde una perspectiva de respeto y atención a la singularidad de cada menor (de ahí el énfasis en la atención individual incluso cuando se trabaje con grupos), a sus ritmos y deseos. Las investigaciones de Bonnafé y las atentas observaciones del equipo de colaboradores de ACCES (la ejemplar asociación que ella preside) muestran como deambular, tomar un libro, voltear, manipularlo, o incluso la aparente distracción, son formas de apropiación, que se manifiestan de maneras a menudo insólitas.

Este libro invita a los adultos a explorar en compañía de los más pequeños, la mejor producción editorial para niños, pero sobre todo busca multiplicar esas apropiaciones, lo que quiere decir, multiplicar las posibilidades de que se conviertan en sujetos autónomos, capaces de lidiar con la complejidad del mundo. Por eso entre otras cosas es un placer saludar su publicación en nuestro idioma. Al publicar por primera vez en español esta obra pionera, nos alegra saber que directa o indirectamente propiciará muchas experiencias placenteras a miles de pequeños y adultos, y que ayudará a romper una visión fatalista que condena a millones de personas cuyos padres no han gozado de un capital cultural letrado durante su infancia.

DANIEL GOLDIN

# Prefacio a la primera edición en francés

La ampliación de la escolaridad obligatoria hasta la edad de dieciséis años abrió perspectivas muy interesantes. Sin embargo, esta disposición legal ha acentuado una dificultad que enfrenta la institución escolar desde hace mucho tiempo. Ahora los alumnos deben permanecer en la escuela hasta los dieciséis años, a pesar de que durante su infancia no hayan tenido la oportunidad de asistir a ella; no les interese lo que allí se enseña, y de que la escuela sea para ellos una interminable fuente de molestias. Por otra parte, y de manera simultánea, las transformaciones del mercado laboral han traído consigo la necesidad de mano de obra mejor calificada. De ahí que se haga cada vez más necesario que los adolescentes hayan recibido una instrucción básica que les permita beneficiarse de una formación profesional acorde con las necesidades actuales.

Sin embargo, todavía muchos niños fracasan en sus estudios elementales, a pesar de los avances pedagógicos realizados en el curso de estas últimas décadas. Cuando llega el momento de abandonar la escuela primaria, esos "malos alumnos" no dominan la lengua escrita. Por tanto, causan graves problemas a los maestros de nivel secundario y su orientación hacia las carreras técnicas también se dificulta. No se trata de alumnos débiles mentales ni disléxicos, salvo si damos a estos conceptos una amplitud que deforme su sentido. Los profesores que buscan solucionar esas situaciones pedagógicas no consideran a estos alumnos estúpidos ni incapaces de razonar. Las dificultades de estos chicos se deben a que sus años de fracaso escolar les dejaron un efecto negativo perdurable. La escuela les ha proporcionado un cúmulo de experiencias humillantes más que de felices descubrimientos y lo que ahora trata de aportarles les parece extraño, hostil o irrisorio. Su desinterés se etiqueta con juicios morales, que se expresan en términos "objetivos" tales como: "déficit de atención", "oposición", "inestabilidad", "tensión excesiva", etc. Estas palabras se refieren a comportamientos desagradables, que desaparecen en cuanto los adolescentes se interesan en lo que están haciendo. Contrariamente a las ideas prefabricadas, este cambio no se produce solamente cuando el alumno puede probar su fuerza física o su habilidad corporal. También surge en circunstancias en las que el placer del funcionamiento mental es requerido por ellos mismos, por ejemplo, para narrar una historia, en un taller de poesía o en la preparación colectiva de un espectáculo o en muchas otras situaciones.

Esos adolescentes preocupan a la sociedad, pero no todos se convierten en adultos inadaptados o marginados. Los primeros contactos con el mundo del trabajo serán difíciles para muchos de ellos. Su integración a la colectividad es un tema de interés vital para los poderes públicos.

La situación de fracaso escolar se perfila desde los primeros meses de los estudios elementales. No todos los que *fracasan* en los primeros aprendizajes de la escritura se vuelven *iletrados*; algunos de ellos incluso consiguen aprender a leer y escribir. Sin embargo, ninguno de ellos se integra al grupo de mejor rendimiento escolar (C. Chiland, *L'Enfant de six ans et son avenir* [El niño de seis años y su futuro], Presses Universitaires de France, PUF, París, 1988). C. Chiland muestra igualmente que el fracaso escolar no es previsible en función de las dificultades previas, tales como una predominancia de habilidad lateral mal establecida (derecha/izquierda) o por malos resultados en pruebas de organización espacio-temporal. El aspecto formal del lenguaje y del pensamiento tampoco están en tela de juicio, salvo en los infrecuentes casos de disfasia. Sin embargo, muchos de los niños que fracasaron vivían en familias donde el uso de la lengua –oral o escrita– era limitado, producto de la necesidad o poco placentero.

Algunos quisieron ver en esta transmisión familiar del mensaje verbal un argumento a favor de lo innato o hereditario de esta *falta de don*. El destino escolar y social estaría entonces decidido desde los primeros meses del desarrollo fetal. Tales hipótesis relacionan procesos embriogenéticos estudiados con precisión y procesos psíquicos no analizados en toda su complejidad. No son, en consecuencia, ni demostrables ni refutables. Permiten afirmar, con demasiada facilidad, que las desigualdades son naturales y que es utópico imaginar estrategias educativas nuevas, como si no existieran los registros de la experiencia cotidiana de los maestros antes mencionados o de todos aquellos preocupados por transmitir a los niños pequeños o a los malos alumnos el placer cultural que les hacía falta.

El tema de este libro de Marie Bonnafé es esta transmisión cultural. La hipótesis inicial reposa sobre el análisis de las diferencias de lenguaje familiar en la vida cotidiana. Ciertos niños viven desde su nacimiento inmersos en un baño de lenguaje. Sus padres, o los adultos que los rodean, hablan mucho, de manera natural y no sólo por necesidad. Hablar es contar, mantener un discurso que no siempre se refiere directamente a la situación presente, que es más asociativo que indicativo. Una madre le habla a su hijo, desde su más temprana edad, como si el niño comprendiera, a sabiendas de que no comprende; vive una ilusión anticipadora y, sin engañarse, sabe que tiene un efecto organizador, en parte debido a este doble registro. Una mamá tararea, para ella misma y para su bebé, una cantilena, acompañando la cadencia de su propia voz con movimientos rítmicos. Así, su voz y la melodía son parte de este acercamiento inscrito en el marco sensible del encuentro. Delante de un bebé los adultos hablan entre ellos y las ganas de participar en esta intimidad provocan en él el deseo de apropiarse de esas palabras, y antes que nada de su sonido. Nada de lo anterior es utilitario, todo está inscrito en el registro del deseo y los mensajes serios (las consignas) se desprenden sobre ese fondo.

En otras familias la situación no es tan afortunada. También se le habla al bebé y los adultos hablan entre ellos delante de él, pero la necesidad (material o psíquica) predomina sobre el placer. Ordenes y amenazas, gritos y reproches son más frecuentes que la ternura y la ensoñación. No se trata de establecer una oposición maniquea entre entornos familiares "buenos" y "malos", ni de denunciar a las familias generadoras de esta disfunción sociocultural. Placer y necesidad, interacciones y soledad, discursos poéticos o realistas se encuentran en todos los medios en diferentes proporciones y así originan esquemas variados, susceptibles de poner en marcha la evolución psíquica por caminos divergentes.

Las experiencias descritas por Marie Bonnafé nos llevan a pensar que, más allá de esos extremos, el placer de imaginar sigue siendo un potencial vivo en todos los niños aun cuando no se encuentre en primer plano en aquellos cuyas familias han sido desviadas del sueño y de la dimensión poética debido a las duras condiciones de su existencia. En este juego de figuras interviene de manera precoz lo que formará posteriormente los diferentes registros de la lengua oral y escrita. Durante mucho tiempo se creyó que la lengua escrita era algo propio de los adultos y que intervenía de manera tardía en la vida psíquica de los niños, sólo después de que hubieran aprendido a leer y a escribir. Lo escrito se enseñaba como una transcripción codificada de la lengua oral. Para realizar esta transcripción o para restituirle su sentido, se requería del niño un dominio suficiente de la lengua oral y que hubiese adquirido también las competencias no lingüísticas para reconocer los símbolos alfabéticos y fonéticos.

Si tenemos en cuenta la especificidad de la lengua escrita en su función y en su forma, el ser humano, desde su nacimiento, está en contacto con diferentes sistemas de lenguaje y gracias a que sus padres utilizan estos diferentes sistemas (sean cuales fueren sus hábitos socioculturales) podemos estudiar los efectos de esos contactos. Emilia Ferreiro ha demostrado que a muy temprana edad los niños saben que la escritura que ven en las etiquetas de botellas o de cajas tiene sentido, y que para poner en práctica la atribución de este sentido, ellos desarrollan estrategias fonéticas, que pueden ser estudiadas con el método de Piaget en sus investigaciones de epistemología genética. Sin embargo, no es éste el ángulo que aquí adoptamos para abordar las relaciones de los niños muy pequeños con la escritura.

Los bosquejos de narración referentes a objetos o a situaciones imaginarias, hasta los más simples como "barco, tijeras, el río se desbordó", introducen necesariamente varias voces. El narrador habla para seducir a un oyente muy joven y anima a los *personajes*, cualquiera que sea su significación simbólica, haciéndoles así actuar un papel, sea mudo o parlante. Esta polifonía placentera introduce una relación de contraste entre este lenguaje y el lenguaje de la consigna o indicativo, directo y monódico: "Abre la boca", "Quédate quieto", etc. La relación de contraste encuentra y consolida un movimiento análogo en la psique del bebé.

A partir del segundo semestre de vida, el bebé reacciona específicamente ante la ausencia de su madre, lo cual nos permite inferir que tiene una representación mental de la madre ausente. En el mismo proceso, empieza a interesarse en imágenes y en juguetes figurativos, es decir, en representaciones extrapsíquicas de las representaciones psíquicas. Winnicott ya había llamado la atención sobre lo que él denominó *objetos transicionales*, definidos por su carácter no representativo, pues los bebés los estrechan contra ellos, sobre todo contra la boca, excitando así lo erógeno de la mucosa labial, y la cuestión de saber si este objeto pertenecía o no al bebé no se toca. Winnicott veía en estos objetos-intermediarios precursores del simbolizante en la formación de símbolos.

En el curso del segundo semestre de vida, el reconocimiento de la representación de un punto o una imagen, por rudimentario que sea, presupone ya una organización diferenciada: cuando un bebé acaricia una imagen, sabe que ésta representa algo que no es la cosa. Puede apropiarse de la imagen, lo que no les es posible con el objeto referido ni tampoco con la representación mental del objeto, sometida a lo aleatorio del flujo psíquico. Se organiza así otra polifonía. Para evitar que la ausencia momentánea de la madre lo conduzca al desmoronamiento, nace el fantasma retrospectivo de una madre que, hasta ese momento, había estado siempre presente. Al mismo tiempo, el bebé construye una historia en la cual él representa, con deseo, lo que la madre estará haciendo en otro lugar, mientras desplaza cada una de estas dos historias hacia las representaciones de representaciones sobre las cuales tiene control. El producto de este desplazamiento, cuyo tema es aquello que supuestamente sucede en otro lugar, va al encuentro de historias y canciones que reflejan, directamente, la presencia e, indirectamente, la ensoñación de la figura materna.

Aquí es donde comienzan a jugar un papel las diferencias entre el desarrollo psíquico de niños que desde el inicio viven en medios culturales donde predomina la lengua narrativa de la ficción y el aquellos que viven en condiciones menos favorables; entre los niños de familias donde hay libros y lectura y aquellos que provienen de entornos donde impera la vida de lo inmediato y las tensiones poco elaboradas.

Estas diferencias no constituyen una desventaja si las tenemos en cuenta, y si consideramos que la norma está representada por los niños más hábiles en el manejo del lenguaje porque estuvieron desde muy temprano acostumbrados a la narración de historias que les permitiesen dar forma a sus fantasías.

La asociación ACCES, fundada en 1982, y animada por Marie Bonnafé, reúne a todos aquellos que de una manera u otra se ocupan de transmisión cultural desde la primera infancia. Su tarea consiste en poner en contacto a bebés y a niños muy pequeños con los libros; libros como objetos para la mirada, para hojear y tocar, libros cuyo contenido cobra vida gracias a profesionales que los aman, que también aman a los niños y que son capaces de maravillarse ante el gusto que los libros provocan en los niños. No sólo los niños más desfavorecidos están preparados para descubrir el placer de los libros. También los padres que sufren de situaciones difíciles se ven conmovidos por este interés inesperado y en su momento toman los libros en sus manos. Lo que parecía irreversible, cambia: ¿no es ésta una razón de peso para abandonar los prejuicios?

PROFESOR RENÉ DIATKINE,
PRESIDENTE FUNDADOR DE ACCES

# Prefacio a la segunda edición en francés

Este libro se publicó por primera vez en 1994. Sin embargo, el texto no ha envejecido en lo absoluto. Es por eso que debemos de agradecer a las ediciones Calmann–Lévy su reedición. Será de gran utilidad para todos aquellos que trabajan en el terreno de la primera infancia.

Es un honor para mí escribir el prefacio de esta nueva edición y, al mismo tiempo, es un trabajo difícil, puesto que el maravilloso prefacio de René Diatkine se mantiene vigente pese al paso del tiempo.

**¿Qué puedo añadir ahora?**

En principio, quisiera indicar ante todo que este libro fue un precursor en el campo de la narratividad, el cual se ha desarrollado intensamente estos últimos años. La narratividad aparece hoy como un punto de encuentro posible entre la teoría psicoanalítica y las teorías de desarrollo temprano del niño.

Sabemos que el psicoanálisis insiste en la cuestión de la (re) construcción posterior de una historia, por y para el paciente. No forzosamente la historia del acontecimiento "real" sino una historia "verdadera", entendida como dadora de fuerza y coherencia a la trayectoria existencial del paciente.

Así, Serge Leibovici llamó la atención sobre las huellas transgeneracionales que aun antes del nacimiento del niño permiten o dificultan el desarrollo del individuo.

Desde hace tiempo, autores como Paul Ricœur nos dicen que el ser humano es ante todo y primeramente una ser de historia y, a semejanza de la cura psicoanalítica del adulto, el psicoanálisis del niño y aun las terapias conjuntas de padres y bebés nos remiten a una elaboración de la historia del sujeto en un tiempo secundario.

Incluso los bebés necesitan una historia; una historia que no solamente sea genética o biológica sino relacional, que también les de acceso a procesos de filiación y de afiliación, para inscribirse así dentro de la cultura.

La historia, que ha sido siempre y en todos lados blanco de las dictaduras, se encuentra así en el corazón mismo de la reflexión metapsicológica.

Muchos autores han insistido recientemente en la función esencial de lo narrativo, y han propuesto fundamentalmente la idea de que su calidad refleja aquella, segura, insegura o esquiva, de los primeros lazos madre-hijo o hijos-padres. Apoyar tal construcción de sentido permitirá finalmente al niño contar y, sobre todo, contarse a sí mismo los diferentes eventos interactivos de su vida cotidiana, es decir, de relacionarlos entre sí para descubrir el hilo conductor de su sentimiento de continuidad en el existir (Donald W. Winnicott).

Las aportaciones teóricas sobre el desarrollo temprano convergen para dar a la historia un lugar muy preponderante en cuanto a la construcción del sujeto. Esta obra nos hace descubrir que no es sorprendente constatar que los libros, por sí mismos y en el centro de una experiencia intersubjetiva, pueden contribuir de manera profunda, por medio de una narrativa exterior, al encuentro de la narrativa interior del niño que refuerza la construcción de los propios cimientos del infante.

El trabajo de Marie Bonnafé y sus colaboradores tiene el valor de una obra pionera al explorar cierto acercamiento a lo narrativo.

Es importante señalar que los libros, como vínculo entre bebés y adultos, incentiva de manera poderosa la afectividad en la construcción del lenguaje. El libro sólo tiene efecto si es objeto de afectos compartidos entre el bebé y el adulto narrador. Si el libro no proporciona placer al narrador, tampoco lo proporcionará al bebé o al niño.

Efectivamente, la instauración del sujeto y la del objeto están ligadas estrechamente porque el descubrimiento de sí mismo permite el descubrimiento del otro, así como el descubrimiento de la alteridad permite la toma de posesión de uno mismo. El objeto está investido por sí mismo y de manera estable. Es lo que pone al afecto en posición central. En este sentido, el bebé reconoce a su madre o al narrador a través de sus expresiones afectivas, que vienen a marcar de mil maneras posibles el estilo y todos los movimientos interactivos en una obra de ubicación y de descodificación de la voz y de las expresiones. De esta manera, el bebé tendrá, poco a poco, acceso a la intersubjetividad, es decir, a la vivencia o al sentimiento de que él y el otro son seres distintos.

De cualquier manera se puede observar que el afecto ya no cumple entonces la función de simple coloración emocional de las representaciones, sino una verdadera función estructurante del lenguaje y del sentido.

Esas lecturas con los bebés, cuyo telón de fondo son los afectos compartidos, ofrecen la oportunidad de ayudar al niño a diferenciarse, es decir, ubicar poco a poco su mundo interior, el mundo exterior y ubicar a los demás.

Mencionaré finalmente otra función de los libros. Así como se puede hablar del lenguaje mediante el lenguaje y así como se puede pensar a la psique con el pensamiento, se pueden escribir libros sobre el hecho de leer y esta función "meta" del libro se vuelve probablemente central en el encuentro de los bebés con esta maravillosa herramienta de la cual se ha dicho que es, ni más ni menos, un verdadero instrumento de libertad.

Se podría pensar que esta particular función del libro concierne más al adulto que al bebé. En mi opinión no es así, porque cuando leemos un libro a un bebé o a un niño, seguramente éste siente que le hablamos de él mismo, aun cuando la narración aluda a personajes que le son más o menos ajenos.

En *Psicoanálisis de los cuentos de hadas*, Bruno Bettelheim mostró cómo esa literatura de imaginación le habla al niño y le ayuda a metabolizar su propio juego de pulsiones. Entonces sí existe también una función "meta" del libro para el niño. Aunque le narremos historias que no hablen directamente de él lo ayudamos a elaborar el libro de su propia vida, y esto representa uno de los mayores beneficios en el asunto…

Ayuda a la narratividad, trabajo sobre la elaboración de los afectos, función "meta" del libro; tales son las tres razones por las cuales el trabajo de Marie Bonnafé y sus colaboradores adquiere importancia. Nunca podremos agradecerle lo suficiente toda la energía invertida para hacernos entender que los libros son importantes para el ser humano desde el inicio mismo de su existencia.

Al contrario de lo que nos podría hacer creer erróneamente nuestra formación neurótica y postedípica de adultos, los libros y el acceso a ellos nos comprometen con los fundamentos de nuestra ontogénesis y de nuestra constitución como sujeto y, si los bebés se interesan tan fácilmente en los libros, no es en lo absoluto por simple imitación del adulto.

De ahí, por ejemplo, el poco éxito de esos libros blandos de tela, sin cualidades estéticas, concebidos para los bebés: no solamente carecen del balance adecuado (G. Haag) entre lo "rígido" del pliegue y lo "flexible" de las páginas como ocurre con los libros para adultos, pero además no favorecen la riqueza de la relación entre el bebé y el adulto narrador, cuyos diversos aspectos fueron ya señalados en el curso de este prefacio.

Gracias de nuevo a Marie Bonnafé por su creatividad y su tenacidad y que disfruten de este libro todos los bebés... convertidos en adultos lectores.

PROFESOR BERNARD GOLSE

# Una animación con los libros

## Stella anima una sesión con libros

En la sala de un consultorio PMI[2] los bebés esperan a que los pesen o los vacunen, las madres intercambian noticias, todos se conocen. Stella trajo dos canastas que contienen unos cuarenta libros. Empieza a disponerlos sobre la alfombra.

Algunos nenes *grandes* se pasean sin cesar, montados en camiones de juguete que hacen ruido sobre las losas del suelo. Las madres presentes parecen tener prisa. De pronto, se desata una epidemia de llanto. El médico se está retrasando y el personal del Centro de Protección Maternal e Infantil se encuentra abrumado.

Stella saluda a una mamá que amamanta a su bebé. Su hija mayor, Rosa, de dos años, acostumbrada ya al rincón de lectura, se sienta sobre un cojín con *Ricitos de oro y los tres osos*, su cuento preferido, que ella misma selecciona de entre un montón de libros. Algunas mamás se acercan y una de ellas explica a su vecina recién llegada que Stella "les lee libros y deja que los bebés los toquen, aun los más pequeñitos". Las otras mamás comentan: "A esa edad no entienden nada". - "¡Sí entienden! Al mío le fascinan los cuentos del *Osito Pardo*, hasta los cuenta… Apenas sabe hablar y dice 'osito… enojado'". Otra mamá dice: "Miren, ¡se está co-

2 Centro de protección Maternal e Infantil: consultorio donde se atiende a madres y bebés de escasos recursos en acciones de prevención y de cuidados postnatales. (N. de T.) PMI son las siglas de "Protección Maternal e Infantil"

miendo el libro!" Stella, por su parte, hace notar la mirada de interés de ese bebé de once meses que chupa su libro mientras escucha el cuento de *El lindo gusano gordo.*

Las mamás siguen dialogando entre ellas; cada una expresa sus dudas o sus reticencias sobre poner al alcance de los niños un objeto que puede romperse, ensuciarse, maltratarse. Un objeto cargado de prohibiciones que ellas mismas también tendrían ganas de saborear tal como lo hacen sus niños. Stella se acomoda cerca de los niños. Los pequeñitos son mayoría; algunos *grandes* continúan moviéndose. Stella dispuso los libros a su alrededor. Después de algunas tentativas de acercamiento, Hugo, quien aún no cumple un año, se acerca gateando y escoge *Ladra, Jorge*. Más que hojearlo, lo sacude, hasta que encuentra la imagen del perro. Stella la contempla con él y comienza la lectura. Hugo no deja de acariciar al animal que aparece en cada página acompañando la narración con unos "¡Guau, guau!", que hacen sonreír a su mamá. Imperceptiblemente, la atmósfera se calma y se crea un círculo mágico alrededor de la lectura.

Generalmente, cuando privilegiamos el trato con un niño en particular, aunque de paso nos dirijamos a todos los demás en un grupo, se establece una complicidad con un gesto, una mirada. Stella escoge dirigirse a los más pequeños, a los que tienen alrededor de diez meses o menos, a los que están sentados, inmóviles sobre las rodillas de sus madres o a los que están recostados en su sillón portátil y que no se interesan exclusivamente por las canciones de cuna o en las rimas. Su apetito estimula a aquellos, de entre los más grandes, que están menos motivados por la lectura. Los más pequeños están cautivados por el ritmo de la narración y por la música de las palabras; los más grandes por el desarrollo de la historia.

Los bebés más pequeños se llevan primero el álbum a la boca, luego quieren dar vuelta a las páginas, ayudados en un primer momento por el adulto. Pronto aprenden a hojear solos el libro: lo abren, lo cierran, lo exploran por todos lados. Mientras escuchan el cuento leído en voz alta, manipulan o estrechan otro libro del que ya se apropiaron. Otros niños, más activos, ponen varios libros en un montón, se sientan o caminan sobre ellos. Se acercan, se alejan de nuevo. A cierta distancia dirigen miradas furtivas, sin cortar el hilo de la narración y esperan el final de la lectura para llevarse el álbum a un rincón en cuanto Stella lo deja, y se retiran para hacer su propia "lectura", mezclando frases canturreadas y palabras esbozadas, con frecuencia justo en el lugar preciso del libro.

Fabián, de cinco meses, se sienta en un cojín sobre la alfombra, mirando a su alrededor. Stella se acerca silenciosamente y le enseña el libro *Barco sobre el agua*, lo abre frente a él y se pone a tararear la cantilena magníficamente ilustrada por Martine Bourre. El interés de Fabián se afina, su mirada se aviva; babea, hace amplios movimientos con los brazos. Otros dos bebés, instalados también sobre la alfombra pero un poco más lejos, se aproximan a gatas y así, frente a todo un pequeño público de bebés, Stella termina su canción.

Aunque algunos bebés se acercaron, Malika, una nenita de diecinueve meses, adorable y tímida, permaneció aparte. Después de dudarlo, ella sola escogió un álbum; se sienta, se recarga contra la pared. Se nota que está muy concentrada. Termina por levantarse y tomar de entre el montón de libros *Dónde está el oso*, que ya conoce. Muy animada de pronto, atrae a Stella a su rincón. Exclama: "¡Allí!" sobre la página donde aparece la pregunta "¿Y dónde está el oso?", "¡allí está!" En cuanto Stella comienza a leer, David, otro "aficionado" de veinte meses, participa y comenta llamando "lobo" al oso escondido tras los árboles del bosque. Nadie lo corrige. Al contrario, lo dejamos desarrollar su propia versión. La palabra "lobo" genera una excitación y una participación general. Stella no podrá negarse entonces a contar una serie de historias de miedo. Pone ritmo a su voz, como si leyera rimas. Los niños se animan, se alegran y luego se ponen serios durante los pasajes de miedo; ríen en cuanto la historia o las imágenes se vuelven divertidas. Mientras Stella lee los álbumes, ciertos niños siguen en la habitación: activos o inmóviles, todos escuchan los cuentos.

Poco a poco, uno tras otro, los niños más grandes se sumergen en los libros o en los juguetes, permitiendo así que Stella se reúna con los bebés. Una mamá puso a Jéremie, de nueve meses, sobre la alfombra. Él toma *Spot, el perrito* y se lo lleva a la boca. Su mamá le quita el libro con dulzura. "Jéremie está acostumbrado, a él le gustan los libros, ¿ves?", dice a su vecina. Sin este comentario, es muy probable que la mamá de Fatou, de seis meses, nunca se hubiera atrevido a proponer a su hija el libro de imágenes de Tana Hoban, *Blanco sobre negro*. Cuando Fatou hace un ruidito con la boca al ver la banana en el libro, la mamá, conmovida y maravillada exclama: "¡Quiere comer, qué bien entendió el libro!"

Louise, de dos años y medio, le trae a Stella *Mandarina la ratoncita*. Ven juntas el álbum y después ella sola se divierte dando vuelta a las páginas y pasando el dedo sobre el pelaje suave de *Mandarina.* Dice "ratón" y reconoce cada animal: "oso", "serpiente"... y repite a cada página: "ratón".

Los bebés, pequeñitos o grandes, son capaces de ocupar el rincón de lectura durante largo rato. Si queremos responder a la solicitud diversificada de los niños que pasan, captar la atención de los más tímidos, de los menos estimulados, satisfacer a cada uno de ellos cualquiera que sea su edad, tomar tiempo para llegar y para irse sin forzar las cosas, dos horas no serán demasiado tiempo. La persona que narra los cuentos podrá cansarse más pronto que los niños, quienes pueden escuchar sin descanso sucesivamente un gran número de cuentos. La única receta realmente útil para perseverar en este peculiar juego es la de ser capaz de disfrutarlo durante largo rato.

Este placer tiene un gran valor para los niños: les permite incluso consolarse en momentos difíciles. La pequeña Nadja, una nena pakistaní de nueve meses, lloraba sin cesar desde su llegada. Stella trata de mostrarle un álbum multicolor de Dick Bruna. La niña no reacciona y sigue llorando. Entonces, y ante los ojos incrédulos del personal del Centro, le lee *Buenas noches, luna.* Se trata de una historia muy poética en la cual una abuela conejo duerme a su pequeño nieto enumerando todos los objetos de su recámara: "¡Buenas noches, silla!", "¡Buenas noches, peine!"... Página tras página la penumbra va ganando la pieza, los colores pasan gradualmente del verde y rosa tierno al azul índigo y al violeta oscuro. Al final, la abuela conejo dice "¡Buenas noches, luna!" a una luna blanca, único objeto visible por la ventana en el cielo nocturno. La pequeña Nadja de pronto deja de llorar. Se sienta tranquilamente, escucha, observa, tiende su mano y toma el libro. Cuando vienen por ella para cambiarla es imposible quitárselo. Pero ya no llora y esto no es habitual. Al irse, la bibliotecaria, no pudo recuperar el libro. Así, lo deja... en buenas manos. Los niños más pequeños son sensibles desde muy pronto a la melodía de los sonidos, a los colores y a los primeros cuentos y rimas. La incredulidad se borra de los rostros de padres y de profesionales ante escenas como la anterior, que sin embargo la teoría no podría explicarlas.

Las sesiones de animación y de lectura para los bebés con libros en total libertad y en lugares inesperados, y fuera de los muros de la biblioteca y de la escuela, pudieron parecer en un principio experiencias limitadas, y acaso disparatadas... Hoy en día se han multiplicado ampliamente y los resultados rebasan las expectativas iniciales.[3] El interés espontáneo de los bebés por la literatura de los primeros álbumes, aun cuando no estén familiarizados con los libros, ya no es algo que necesite demostrarse. Enseñanzas muy completas pueden extraerse de estos veinte años de observaciones, recopiladas regularmente desde los inicios de esta práctica de animación del libro con los bebés. Y, sin duda, serán más fructíferas aún porque esas experiencias conciernen a cada familia, a cada pequeño y más allá, porque abren muchas perspectivas educativas y culturales para los niños más grandes.

Abstenerse de toda consigna, de todo discurso o gesto que obligue a escuchar, a mantenerse quieto –sobre todo cuando se trata de familias poco atraídas de manera es-

[3] Ver anexo 2 sobre las experiencias de “Los bebés y los libros”.

pontánea por la palabra escrita– dejar total libertad y al mismo tiempo estar a la escucha de niños tan pequeños, no es tan fácil. El desorden que el juego con libros introduce en esos lugares, a pesar de su encanto, va en contra de muchas costumbres. Comúnmente, las dificultades surgen con los adultos que acompañan a los niños: "¿Por qué tan pequeñitos? ¡Van a romperlo todo!" El interés evidente que manifiestan los niños es entonces, con mucho, nuestra mejor arma para convencer y la mejor respuesta.

La edad adecuada para empezar a familiarizar a los niños con los libros y las historias, es cuando el bebé empieza a decir sus primeras palabras, sus primeras frases, es decir, cerca de los diez meses y hasta los dos años. Muy pronto se puede diferenciar entre los nenes menores de dos años ya familiarizados con los libros y los que no lo están; entre los experimentados que ya fueron muchas veces a rincones de lectura y los novatos. Un niño a quien ya se le narran historias se acomodará y nos tenderá con gesto imperioso un libro diciendo "¡ee!" (¡lee!) o "¡conta!" (¡cuenta!). Los bebés más grandes, los que empiezan a manejar con alguna soltura el lenguaje pueden volverse muy molestos. Imponen su selección, quieren ser líderes. Se trata entonces de saber detectar las historias preferidas de los otros nenes, menos estimulados, más tímidos, que podrían quedar olvidados.

Muy a menudo, con un poco de habilidad, la lectura estructura al grupo y calma las tensiones. Stella cuenta a Jéremie el libro de Michel Gay *Empuja carreola.* Thibault, de 24 meses, está sentado muy cerca y le propone *Payaso*, de Lizbieta. Stella le explica que tiene que terminar primero el cuento de Jéremie pero Thibault quiere arrancar el libro de las manos de aquel. Se pelean y Thibault intenta sentarse en el regazo de Stella; ella le dice con mucha calma que el libro está ya casi terminado y que puede sentarse al lado y escuchar la historia. Luego será su turno. Tranquilizado, escucha y espera.

El libro es una magnífica herramienta para facilitar las relaciones, favorece la transmisión cultural entre padres e hijos y constituye un apoyo de calidad para la integración, como queda demostrado en las tres observaciones que siguen.

Morgane, dos años y medio, trae *En un día de invierno*, álbum ilustrado en blanco y negro, donde justo al final aparece una diminuta flor amarilla. Se sienta en el regazo de Stella, quien empieza a narrar. "Cae la nieve, los ratones del campo duermen..." Morgane empieza a tocar, a acariciar el libro. "Y las ardillas suben a los árboles..." Morgane sigue acariciándolo. "Los ratones husmean..." La pequeña se endereza. Muestra, nombra. Stella sigue contando, llevada por el ritmo del relato. "Husmean, corren, se detienen, ríen. Ríen, bailan..." Los niños dirigen la mirada hacia Stella, siguen escuchando. En la última página, Morgane quiere atrapar la flor. El cuento terminó. Stella cierra el libro con dulzura. La pequeña se queda un momento inmóvil antes de volver al regazo de su madre.

Myrha, otra nena tunecina sentada muy cerca de allí quiere tomar el álbum y lo tiende a Stella para que se lo cuente. A lo largo de toda la historia, ha hecho círculos sobre la página con el dedo, rodeando las palabras en francés.

Amélie, una pequeña china, empuja una caja que contiene juguetes y se desplaza así a través de la habitación. Su mamá está sentada en el suelo. Cuando le propone a Amélie el libro de Claude Ponti *Dentro de la manzana*,

Amélie lo tira en medio de la pieza. Hace lo mismo con el álbum de Alain Le Saux *Papá rey*, para aceptar finalmente la lectura, que su mamá completa en su idioma. Stella le propone entonces el libro de Bénédicte Guettier *¿Para quién ese besito?* que empieza a leer en voz alta. La mamá indica a Stella que la pequeña no entiende el francés pero Amélie escucha y parece muy contenta. Su mamá la mira, sorprendida. Una vez terminada la lectura, Amélie se inclina y besa la portada del libro, que representa a un bebé, dándole... ¡"un besito"! Más tarde, abre de nuevo la página donde aparece un gato color café. Se sienta encima y empieza a moverse alegremente. ¡Qué manera tan personal de apropiarse del libro y del idioma!

La experiencia nos dice que en una sesión de animación, cuando nos dirigimos a un grupo de seis a ocho niños de todas las edades, aunque al principio todos se amontonan, aquellos que tienen libros en casa se quedan muy pronto a cierta distancia, sin querer imponerse. Prefieren sin duda la lectura con sus seres queridos... Mientras más se carece de algo, más se pide. En todo caso, es lo que observamos en estas sesiones que dan prioridad a la relación individual con niños muy pequeños, que también pueden ser los más inquietos. Los nenes acostumbrados a los libros ayudan con frecuencia a la animación, sacando y disponiendo los libros, reaccionando y comentando el texto. Muestran así que la mezcla de niveles y de edades es interesante para todos, en contraste con lo que pasa en la escuela donde se estructuran grupos homogéneos. En lugares donde la mayoría de niños y de familias viven con grandes problemas y donde estos problemas dificultan la labor educativa, creemos de verdad que esta técnica ha demostrado su eficacia y que debería conocer una mayor difusión y entrar en la lista de prioridades de la educación, mucho antes de la escuela maternal.[4]

## Leer por nada

Proporcionar libros a los bebés no significa proponer una forma de aprendizaje precoz de la lectura. Se trata de rehabilitar el juego con narraciones por medio de un contacto lúdico con el libro, un objeto sorprendente, con demasiada frecuencia reservado a una minoría y encasillado en un concepto cultural estrecho. Los libros deberían estar presentes en la vida cotidiana de todos los niños, sin ninguna restricción y sin buscar ningún beneficio inmediato. Con los primeros cuentos y con las rimas sólo hemos de buscar el placer de los pequeños y de los adultos.

Al mezclar libros con juguetes nuestra intención no es sólo de prevenir las dificultades que los niños podrían tener cuando aprendan a leer. El contacto inicial con la imaginación, suscitado por la lectura de los primeros álbumes, es un apoyo esencial para ayudar al bebé a evolucionar mejor, a situarse mejor en la comunidad donde va a vivir y a crecer.

Es cierto que si no proporcionamos libros a los niños más pequeños, igual pueden desarrollarse normalmente. Pero también es verdad que desde la más temprana edad la necesidad de relatos es esencial para que los niños puedan pasar por las diferentes etapas de su crecimiento de manera satisfactoria. Sin estos juegos de imaginación, el bebé no podría tener acceso ni al lenguaje ni a la vida del espíritu.

[4] Profesor René Diatkine, "Lectures et développement psychique", en F. Quartier-Frines, *René Diatkine*, PUF, colección "Psychanalyses d'aujourd'hui", París, 1997.

# Hablamos dos idiomas sin saberlo

## ¿Cómo se llegó a la idea de que la lengua escrita es esencial en las relaciones con los niños más pequeños?

En el transcurso de las dos últimas décadas especialistas de la infancia –psiquiatras, psicoanalistas, maestros, lingüistas, bibliotecarios– han realizado muchas y muy rigurosas investigaciones sobre la relación entre el niño y la escritura, investigaciones decisivas para nuestra reflexión.[5] Esto nos llevó a poner de relieve la lengua escrita, o más bien, y como lo veremos más tarde, la forma *relato* de la lengua, único aspecto del lenguaje oral que puede ser llevado a la escritura. En nuestra época su vehículo privilegiado es el libro.

## El juego con los textos

El contacto lúdico con los textos no contempla adquisiciones inmediatas. Precede y acompaña durante mucho tiempo el momento del aprendizaje sistemático de la lengua escrita. Así que hemos de evitar la tentación de desviarnos hacia un aprendizaje precoz de la escritura –lo cual por desgracia no está asegurado. La escritura es un *tomar distancia* con las situaciones vividas. Es un proceso muy abstracto y complejo que el niño podrá abordar cuando haya desarrollado ciertas habilidades. Es cierto que muchos niños

[5] Coloquio "Aprendizaje de la lengua escrita", CNDP, París, 1979.

aprenden a leer espontáneamente a muy temprana edad, pero puede resultar nocivo forzar este aprendizaje en niños muy pequeños. Pueden surgir dificultades si no tiene la oportunidad de divertirse con el texto.

Antes de pasar al aprendizaje de la lengua escrita propiamente dicha, el niño debe saber representarse a sí mismo en su medio. Debe poder dibujar una figura humana y ser capaz, a partir de este dibujo, de imaginar una historia entre lo cercano y lo lejano, entre su propia casa y el vasto mundo. Con el dibujo, el niño "inscribe" un relato. Brinda una historia y una manera de contarse que pone en relación sus deseos personales frente a su entorno. Cuando dibuja una simple casa, una familia y algunas flores, el niño cuenta algo que mezcla su propia vida y una ficción, una relación entre sí mismo y los demás: "Quiero", "No", "¡Tú!" "Me hizo esto o lo otro". Es capaz de imaginar y de utilizar el recuerdo al proyectarse hacia el futuro. Así adquirió por fin la capacidad de diferir y no está sometido a lo inmediato de sus deseos.

Sin embargo, en las familias más desfavorecidas, aquellas en las cuales el tiempo para representarse e imaginarse a sí mismo está abolido, la ausencia de flexibilidad en la manera de emplear el tiempo, la ausencia de un tiempo *poroso* no programado, viene a corromper los tiempos de juego, de ensoñación o de proyectos gratuitos, el tiempo para no hacer nada que sea útil en lo inmediato, y también el tiempo para leer y para contar historias.

El interés hacia lo escrito es general entre los niños pequeños aun antes de los tres años, antes del principio de los aprendizajes formales, aun cuando no exista ningún estímulo por parte del entorno. Por otro lado, niños un poco mayores, muchos de los cuales no han estado familiarizados de antemano con el texto, perderán este primer interés.

Los primeros trabajos que destacaron el interés precoz de los niños hacia lo escrito fueron realizados por Emilia Ferreiro.[6] En la línea de Piaget, ella llevó a cabo amplias investigaciones sobre poblaciones muy variadas, en Argentina primero, luego en Ginebra y en México.

Ella escogió siempre dos grupos de niños en paralelo: los primeros en medios desfavorecidos, favelas o zonas periféricas; los otros dentro de clases sociales más acomodadas. Cuando los niños son todavía muy pequeños, hasta los cuatro años y medio o cinco, todos manifiestan una viva curiosidad hacia lo escrito, exigen de los adultos que les lean textos en voz alta. Cuando se les pregunta, se descubre que tienen sus propias "teorías" sobre la lengua escrita, concepciones sobre las cuales apoyan su exploración de un texto. Así, creen por ejemplo que lo que es pequeño tendría que escribirse con menos letras que lo que es grande:

Por ejemplo "Pulga" o "piojo" se oponen a "elefante" o "hipopótamo". Entonces no debe extrañarnos que un niño añada algunas letras al nombre de su papá, que le pareció demasiado corto.

A partir de los cinco o siete años, las diferencias se revelan. Son muchos más los niños de medios acomodados, lectores regulares, quienes conservan un interés activo por la escritura.

Al contrario, en los medios más pobres son muchos los niños que alrededor de los seis o siete años pierden

[6] E. Ferreiro, H. Sinclair et al., *La Production de Notation chez le jeune enfant*, París, P.U.F., 1988.

el interés por lo escrito. Ya no se esfuerzan en construir hipótesis personales sobre los textos que se les proponen, y los primeros aprendizajes de la escritura resultan en fracasos en muchas ocasiones.

En este caso, Emilia Ferreiro hace constataciones que por desgracia son de sobra conocidas. Pero debemos precisar que durante los primeros años lo que se altera no es la *capacidad* de aprender; es el interés por lo escrito lo que se ha agotado. Es cierto, estos niños no se volverán problemáticos forzosamente por haber estado privados de un juego precoz con lo escrito. Claro está, se podrá retomar el aprendizaje interrumpido porque se puede alfabetizar a cualquier edad, incluso en la edad adulta. Pero primero habrá que ayudarles a recobrar el interés y el placer compartido, y encontramos un mayor número de obstáculos con niños más grandes en situación de fracaso escolar.

Estas investigaciones fundamentales sobre el primer acercamiento a la lengua escrita por parte del niño muy pequeño nos parecieron insuficientemente aprovechadas (aun cuando no nos corresponde juzgar su aplicación en el campo de la pedagogía). Un aspecto complementario fue aportado por investigaciones anglosajonas sobre bibliotecas.[7] Se estudiaron niños que de manera espontánea se volvieron lectores desde muy temprana edad. Varias investigaciones mostraron que esos niños que aprendieron a leer muy pronto, *sin ningún tipo de aprendizaje* ya habían estado familiarizados durante un tiempo y desde muy pequeños con los libros y los relatos. En su gran mayoría, como era de esperarse, se trataba de niños de entorno

[7] D. Durkin, *Children who read early*, Teachers College, Nueva York, Teachers Collage, Columbia University, 1966.

lector, a quienes sus padres les leyeron. Pero es interesante notar que tales lectores precoces existen también en medios no–lectores; en este caso siempre hubo una persona que leyó regularmente al niño desde su más temprana edad: un hermano mayor, un pariente, o la persona que lo cuidaba. El niño puede también haber aprovechado esa experiencia gracias a una biblioteca. Una de las investigaciones llevadas a cabo en la costa oeste de Estados Unidos muestra el impacto de las animaciones con libros en los niños más jóvenes de ciertos barrios portorriqueños, seguidos por niños mayores y sus pares.

Hemos encontrado situaciones muy parecidas en los suburbios de París.

Farida es una pequeña marroquí de tres años y medio que acaba de llegar a Francia. Pide que le lean una y otra vez el álbum *En una noche de invierno.* Ya habla bastante bien el árabe pero nada de francés. Mientras escucha la historia rodea con su dedo índice los dibujos de los animales acurrucados en sus madrigueras oscuras sobre la nieve blanca y en los huecos de los árboles, página tras página. Cada vez que termina la lectura del libro, ella la pide de nuevo. Después de varias lecturas, tomándose su tiempo siempre, hace y vuelve a hacer el mismo gesto pero esta vez también rodea a las palabras escritas. Con este ir y venir, esa inteligente niña logra satisfacer su gran curiosidad por el lenguaje y, por medio de un mecanismo misterioso, se apropia las palabras francesas del texto, que son también las de la narradora. Frente a tal metamorfosis, el silencio vale oro, al igual que el surgimiento de la flor amarilla sobre la gran página de nieve blanca, única mancha de color al final de este libro en blanco y negro.

Acabamos de ver cuánta importancia tienen para los investigadores estos primeros contactos con el texto impreso, en lo que concierne al aprendizaje y al dominio de lo escrito, desde luego, a condición de que alguien haya consagrado algún tiempo a leer en voz alta a los niños. Podemos subrayar igualmente que la experiencia cotidiana muestra que muchos niños adquieren el dominio de lo escrito sin haber frecuentado mucho los libros. De hecho, lo que es indispensable es el uso de ciertas formas presentes en el lenguaje oral –es decir, el lenguaje propio del libro, pero que existe también en forma oral como narración, y que permite la adquisición y el dominio de la escritura. El lenguaje del relato, como veremos, existe en la lengua oral bajo la forma de una verdadera preescritura.

## Lengua fáctica y lengua del relato

Al principio de la vida el lenguaje no sólo se utiliza para llamar o comunicar; sirve principalmente para jugar con el niño pequeño. Los adultos ofrecen a los bebés una inmersión en el lenguaje muy rica y variada, bajo la forma de juegos en situaciones de intersubjetividad por demás gratificante.

F. Bresson[8] destacó la importancia de un juego prolongado con formas contrastadas del lenguaje oral como condición indispensable para la adquisición de formas escritas de la lengua. Estableció un nexo entre las dificultades en la adquisición de la lectura y la pobreza en las interacciones verbales con el niño. Pobreza que no tiene mucho que ver con el lenguaje de la comunicación o de

[8] F. Bresson, "Langage oral, langage écrit", en *La Dyslexie en question*, (documentos ACCES.), París, A. Colin, 1970.

la información, sino con formas más gratuitas, principalmente la lengua del relato.

Estos trabajos se apoyan en la existencia de dos formas opuestas en el lenguaje oral: la lengua que comenta los actos y que de transcribirse literalmente ésta no puede ser comprendida, y la narración que, por su parte, puede ser transcrita.

La primera forma –la lengua que está ligada a los actos o lengua fáctica– es la forma básica del lenguaje cotidiano. El lenguaje no está marcado por ninguna indicación de principio ni de final. Es fluido, poco estructurado. El sentido se produce al mismo tiempo por las palabras y por la situación vivida. Por ejemplo, para decirle a un bebé o a cualquier otra persona que vamos a comer, emplearemos sólo una parte de las palabras necesarias para caracterizar la situación. Utilizamos frases entrecortadas, incompletas, omitiendo eventualmente verbos y nombres puesto que nos damos a entender en la situación vivida: "¡Rápido…!", "¡Se va a enfriar!", "¡Qué bonita servilleta…!" Se efectúa un ir y venir entre lo que vivimos y lo que decimos. *El sentido no viene incluido por completo en la sola enunciación.*

Esta forma de lenguaje oral no es en modo alguno incorrecta: simplemente expresa la proximidad de la situación para los interlocutores que están en condiciones de entenderla. Sin embargo, se vuelve incomprensible si uno u otro interlocutor ignora la situación vivida. Por ejemplo, si me encuentro solo en una habitación de mi departamento oigo que alguien de la familia dice: "¡Ay, ay, ay, la alfombra!", ¿qué puedo entender? La situación se esclarece si oigo otro detalle precisando: "Qué idiota, ¡haber puesto eso allí!" Y aun así, el sentido queda incompleto.

Esta forma de lenguaje se le brinda al niño de manera abundante. Es, desde luego, esencial, puesto que hablar únicamente "como en un libro" sería tan nocivo como nunca narrar nada. Transcrita tal cual, fuera del contexto de la vivencia, esta forma de la lengua oral pierde su sentido.

La lengua escrita es claramente un idioma distinto de la oral. Pero el lenguaje de lo oral puede tener otra forma, aquella que permite narrar.

Hablar a un niño pequeño de cosas que pasaron en otro tiempo o en otro lugar, platicarle sus orígenes o aun hablar de cuestiones más prosaicas, por ejemplo, contándole algún proyecto en voz alta o recuerdos. Todo lo anterior se enuncia en una sintaxis bien estructurada. Hay un principio, un final, una coherencia propia: estamos en la *lengua del relato.* "¿Recuerdas? Íbamos al bosque de Vincennes… pero sonó el teléfono y papá subió de nuevo corriendo, y entonces, etc."

Contrariamente al lenguaje fáctico, este lenguaje oral presenta las características de lo escrito. Lo encontramos en las rimas y hasta en narraciones más complejas contadas o leídas a los niños. El sentido en su totalidad va incluido plenamente en la enunciación.

Es posible oponer en cada uno de sus elementos el relato a la lengua fáctica que comenta la acción. La narración se divide en secuencias temporales, con un principio que conduce al final. Comporta escenas bien construidas cuyo sentido debe articularse a cada momento con respecto al contenido general del texto; y esas construcciones en el interior de la narración se efectúan tanto para las secuencias útiles al sentido general como para las secuencias de pura diversión, que consolidan la memoria de los acontecimientos.

Es importante señalar que, para que la atención se sostenga, el lenguaje del relato exige una construcción más placentera donde las digresiones no provoquen aburrimiento y permitan, por el contrario, una pausa atractiva para reforzar el sentido. Si el texto no posee ninguna calidad estética, si la narración está mal estructurada o sin brillo, el interés del oyente se desvanece pronto; el lector abandona su libro de igual manera que cerraría sus oídos a una conversación insípida y tediosa. Más tarde hablaremos de nuevo de los misteriosos poderes ligados al talento de los creadores. Los narradores orales saben equilibrar el texto, adornarlo con pasajes poéticos que articulan las secuencias y hacen rítmicas las repeticiones de manera armoniosa.

Los niños pequeños prefieren textos de calidad, de los cuales se apropian con gran placer y con los cuales descubren construcciones nuevas del lenguaje que, si les gustaron, utilizan luego.

"Abuela, voy a escaparme al baño", dice una nena de dos años cada noche. Nos damos cuenta de que está citando sus lecturas cuando añade: "¡Como Arthur, el primo de Babar!".

Cuando el niño se afirma hacia el fin de su primer año, suele suceder que el intercambio verbal, sobre todo con el uso de la narración, se vea empobrecido por parte de los adultos, pero una base sólida está ya construida. Cuando un niño empieza a hablar, aun cuando su vocabulario sea pobre, muestra que en él se constituyó un cimiento gracias al juego, entre otras formas variadas de lenguaje que le fueron propuestas por las personas cercanas a él. Y durante toda su vida la experiencia "literaria" vendrá a nutrirse allí.

Cuando nos dirigimos a un recién nacido, empleamos un lenguaje particular. Sin embargo, utilizamos espontáneamente, y sin forzarnos, formas muy diversas de la lengua. La forma de la lengua fáctica le es ofrecida en abundancia al niño. Esta forma transporta con ella la expresión de una cercanía, con sus connivencias y sus alusiones. Su transmisión es esencial. Este ser que acaba de llegar al mundo ocupa ya mucho lugar: evocamos su ascendencia, sus mímicas, su parecido, sus mínimas expresiones: en suma, lo constituimos con palabras y, si bien el lenguaje de lo cotidiano domina, la forma narrativa, la lengua del relato reviste ya gran importancia.

Con frecuencia el adulto utiliza un objeto como soporte: una sonaja, un animal de peluche o hasta un rayo de sol, acechando y anticipando las primeras manifestaciones del bebé, dándoles un sentido: "¡Miren, nos está viendo, sonríe!" "¡Oh, no estamos contentos!" "¿Quieres esto o lo otro?" El adulto que habla a un bebé se expresa también por medio de mímicas variadas y elocuentes. Los juegos faciales son de gran importancia en este intercambio. Cuando alguien se pone a narrar, asume una entonación particular. Comienza canturreando, termina por un final bien acentuado, recalcando todo con ritmos repetitivos, concordantes con los primeros gritos y con el habla primaria del bebé. En esas entonaciones encontramos ritmos precursores de las primeras narraciones. Existe pues un ir y venir entre las dos formas de la lengua oral y de esta manera una impronta inicial sobre la cual más tarde podremos apoyarnos al contar o al leer historias.

En la etapa siguiente, durante el segundo año, cuando el niño empieza a expresar verbalmente sus deseos, llegarán dificultades en los intercambios verbales y ciertas desigualdades podrían entonces surgir en función de las condiciones materiales y culturales de las familias. En efecto, muchos adultos, sobre todo los que viven en condiciones difíciles, se dirigen al niño utilizando casi únicamente la lengua fáctica, comentando situaciones vividas, a veces esencialmente como consignas breves, prohibiciones o permisos. Estos adultos, poco disponibles y cansados, casi no brindan al niño la lengua de la narración que expresa el viaje al pasado, al futuro o a lugares distintos de los que escenifican la vida cotidiana. La lengua del relato abre la puerta de lo imaginario.

"Haz esto o lo otro" "¡Toma!" "¡Dame esto!" He aquí las palabras –mensajes operativos– con las que estos adultos se dirigen a los niños. Es cierto, lo dijimos antes, las carencias creadas por este vacío generalmente son reversibles más tarde, gracias a un contacto libre y frecuente con los textos de ficción que reactivan lo imaginario; este juego con las historias podrá ser retomado a cualquier edad.

Con frecuencia, la situación no es tan sencilla. Simplemente, los adultos no saben qué hacer cuando los niños empiezan a hablar. Cuando se encuentra en la situación de narrar una historia un poco larga, el adulto se sentirá molesto, puesto en evidencia. Busca formas de hablar, se pregunta si debe o no hablar "bebé". Se dice a sí mismo que el bebé no entiende, lo cual no se le había ocurrido antes. Se encuentra un poco ridículo si hay otras personas presentes. Por fortuna el niño de esa edad tiene un gran apetito de historias y de libros y es él mismo quien las pedirá al adulto.

Ciertos niños se ríen o golpean el piso con los pies al escuchar una historia o la piden de nuevo. Ya pueden apreciar el estilo y les fascinan los juegos de su construcción, de la exposición de situaciones, alternancias de pasajes divertidos como en las nanas o en los fragmentos rimados del estilo de: "*Tire la chevillette, la bobinette cherra*" ("tira de la perilla, la lengüeta cederá", texto original de *La caperucita roja* de Perrault) que entrecortan la tensión progresiva en el desarrollo de la acción.

Si se fija bien, el adulto encontrará muy pronto los libros preferidos de los más pequeños, a pesar de lo difícil que es medir en el momento su atención, sobre todo antes de los tres o cuatro años. Gracias a los largos momentos de lectura en casa o en algún lugar donde se les reciba, los niños toman los libros cuya historia les gustó, a condición de poder moverse en libertad, de no estar sometidos a consignas ni ser obligados a escuchar. Toman varios libros y llevan alguno al adulto que está disponible. No hay razón para no leer un texto largo si el niño lo pidió, pretextando que no es adecuado para su edad o que sólo las imágenes lo atrajeron.

Acabamos de ver los movimientos que animan estos intercambios entre el niño pequeño y el lector, y cómo las dos formas de lenguaje –la lengua de los actos y la del relato, explicadas por la lingüística– se manejan alternada o simultáneamente. Pero si bien, como ya lo indicamos, nada es irreversible, podemos notar que el niño al crecer está consciente de esa forma tan sutil de exclusión que tiene lugar alrededor de la lengua que está en los libros. "¿Por qué gritas?", le preguntábamos a un niño que en una biblioteca atacaba a los que estaban leyendo. "¡Porque tienen libros!", respondió. Estas escenas de agresión se producen más de una vez. Un niño que vivió malas experiencias con la lengua escrita, en familia o en la escuela, rechaza todo aquello que le recuerda su fracaso. Cuando entiende mejor lo que pasa por la cabeza de los demás, puede cerrarse y entonces es difícil saber si quiere preservar secretos de su vida imaginaria personal, o si está ensimismado y desmoralizado. Más tarde, el adolescente se vuelve sensible a la menor observación, percibida como algo que lo devalúa; hay que avanzar con prudencia cuando lo incitamos a leer porque con frecuencia esta incitación provoca una reacción contraria.

Sin embargo, los niños que durante sus primeros años recibieron menos el lenguaje del relato conservan en ellos el deseo y la capacidad de colmar este vacío. Es importante ayudarlos al crear ocasiones de encuentro; y este encuentro con un libro, a cualquier edad, es como el encuentro con un nuevo amigo: no puede imponerse, sólo sugerirse.

# Los poderes de lo escrito

**¿Qué le aporta la narración literaria al niño pequeño que no le aporte el lenguaje oral?**

CUANDO CONTAMOS O LEEMOS una historia, el principio hace esperar el final. La narración se desarrolla en secuencias breves o prolongadas y la manera en la cual se enlazan entre ellas otorga ritmo al texto. Las secuencias en las cuales se expresa el sentido, alternan con aquellas de pausas y diversiones, en las cuales el elemento poético predomina. Este acompasar el texto a la manera de una forma musical, reposando sobre el juego entre palabras y sentido, constituye la belleza literaria del relato. Éste mezcla la originalidad de una escritura y el desarrollo de una historia.

**Las tramas del relato**

En cada relato hay un juego entre dos clases de desarrollo de acontecimientos: primero tenemos el fundamento de la historia, o sea la manera en que se supone que los hechos se suceden, y luego está el orden escogido por el narrador para exponer las situaciones, esto es: la construcción de la narración propiamente dicha. Así, en una historia policiaca a menudo todo empieza por el crimen, y el relato se desarrolla luego en cuenta regresiva. Igual que en la *Odisea,* cuyo relato empieza *a la manera de los cangrejos*. La *Iliada* también empieza al revés. Después del anuncio de la pelea "homérica" entre Aquiles y Héctor, cien versos exponen los motivos lejanos del conflicto. En

*Ilusiones perdidas*, Balzac enuncia sus consejos a los jóvenes escritores: "Entrad inmediatamente en la acción, tomad vuestro tema una vez en diagonal, otra por el final; en fin, tenéis que variar vuestros planes para no ser nunca el mismo".

¿Y acaso los mejores textos para niños no aplican estos consejos? "Un día Max hizo una travesura… y otra…. y luego otra." Desde las primeras líneas ya estamos en el corazón de la acción y de la historia en una sucesión de hechos ágilmente enlazados, en este caso la de *Donde viven los monstruos*.

Sin uniformidad, el relato se desarrolla simultáneamente en el texto y en el dibujo, lo cual multiplica las pistas de interpretación, dándole más sabor.

Simple o entrelazada, la trama de la narración es el elemento de mayor atractivo. En los relatos que se proponen a los niños pequeñitos domina más a menudo una construcción simple, "lineal". Los hechos se desarrollan en el orden supuestamente cronológico. Esa manera de narrar que es, como lo veremos adelante, la de los cuentos maravillosos, es también la de algunas famosas historietas o Tebeos. Sólo hay que recordar el rigor del autor de Tintín, donde incluso la más insignificante caja que se cae ¡tiene que ser recogida en algún momento!

La imaginación presente por doquier en los relatos literarios no obedece a una arbitrariedad absoluta. Conserva un lazo estrecho con la realidad porque está arraigada en lo concreto del mundo. Todo el arte de un creador está en lograr sugerir por múltiples vías los juegos infinitos entre el vuelo de la fantasía más desatada y las exigencias de la vida concreta. El creador nos permite percibir mediante la poesía la minúscula semilla de la realidad en el fruto de la imaginación.

Aquí podemos evocar a Babar, quien se desenvuelve a la vez en las situaciones reales de una familia y en la magia del maravilloso reino de los elefantes y de sus amigos y enemigos: Crustadelle y Polomoch, Les Gogottes y la Sirenita, sin que todo eso provoque la menor perplejidad.

La esfera de lo imaginario cautiva mucho más al niño que la simple realidad, y este ir y venir entre un mundo fantasmático y la vida familiar resulta mucho más divertido e interesante que el relato llano de la vida cotidiana, preconizado por una vertiente actual de la literatura edificante para niños.

El talento de los buenos autores y de los buenos ilustradores consiste en saber combinar lo fabuloso con la realidad más simple, desde las primeras historias cortas para los más pequeños hasta las grandes novelas que apreciamos durante la adolescencia. Como dice Marthe Robert a propósito del cuento maravilloso: "Posee las cualidades de una obra profunda y poética; por la gracia del arte, cuida y respeta la vida en sus manifestaciones más humildes y de esta manera conquista su principal privilegio, que es mentir sin avalar la ilusión y, al mismo tiempo, seguir siendo verdadero."[9]

El relato, la manera en que se narra, su construcción y el trabajo de escritura siempre están presentes, aun bajo su forma más simple. Cuando se anuncia la continuación de la historia, los encantos del estilo y el talento conservan su primacía. Los cuentos, por ejemplo aquellos que

[9] M. Robert, Prefacio a los *Cuentos* de Grimm, París, Gallimard, colección Folio, 1984.

transcribieron los hermanos Grimm, no escapan a este fenómeno y tienen cualidades literarias muy irregulares. Algunos resultan bastante aburridos comparados con sus obras maestras y es muy interesante que los niños nunca se aburren de éstas y abandonan aquellos. En los *Tres cerditos* las repeticiones de tres en tres llevan un ritmo, siempre igual, que matiza el espanto frente al lobo y hace tener el presentimiento del final feliz. Las repeticiones acumulativas y los estribillos enmarcan las secuencias del relato, en contrapunto con los momentos de más tensión, dejando en suspenso el desenlace próximo. Valen por su música y su calidad poética mientras que las enumeraciones tediosas e insípidas quedarán olvidadas. Encontramos aquí un juego lleno de encantos que consiste en captar los eventos enlazados en las redes del lenguaje, tomar aliento, cambiar de ritmo al reconocer una melodía familiar, y al mismo tiempo dejarse llevar por sus propios miedos.

Podemos mencionar *Ricitos de oro y los tres osos*, otro cuento de triples repeticiones y también la cancioncilla *El gusanito gordo* con su serie de animales que se devoran, traducida del inglés de manera tan poética en un álbum de hermosas ilustraciones, muy apreciado por los bebés.

Encontramos las mismas cualidades de estilo en las "cantilenas" de enumeraciones cumulativas como "Alouette" ("Alondra") o "Biquette" ("Cabrita") donde la repetición del estribillo subraya cada nuevo elemento:

*Ah tu sortiras, biquette, biquette,*
*ah tu sortiras de ce chou là*
*Biquette veut pas (...)*
*(Saldrás, cabrita, cabrita,*

*saldrás, aunque no quieras*
*de esa col…*
*La cabrita no quiere…)*

Todas esas cantilenas prefiguran articulaciones más complicadas en canciones de interminables peripecias al estilo de "Et alors, et alors… Zorro est arrivé!..." ("¡Y entonces, luego… llegó Zorro!...") o el encanto de las historias circulares. El final nos lleva a un nuevo comienzo y al enlace con otro episodio de la vida del héroe, eternamente reencontrado, siempre de la misma edad, listo para nuevas aventuras. Es Lucky Luke (héroe del famosísimo cómic de Morris y Goscinny), dispuesto a emprender otras hazañas. *"I am a poor lonesome cowboy…"* ("Soy un pobre vaquero solitario…")

**El espacio de las páginas**

La trama de una historia y la manera de construirla –el relato y su narración– son dos aspectos diferentes de un mismo objeto. Se trata de un juego de la imaginación entre dos maneras de poner en orden algo que se desarrolla en el tiempo: está la historia, que supuestamente es la referencia, y está la narración, que es el desarrollo de la historia. Tanto una como la otra son creaciones, un juego, una matriz para la construcción del mundo imaginario personal del niño. De manera más fundamental, este juego nos invita a constatar que una de las funciones del relato es la de "negociar un tiempo dentro de otro tiempo". "El relato es una secuencia dos veces temporal (…): existen el tiempo de la cosa contada y el tiempo del relato. Esta dualidad hace posibles todas las distorsiones temporales que comúnmente se observan en los relatos (tres años de la vida del héroe resumidos en dos frases de novela o en algunas tomas repetitivas de edición cinematográfica, etc.)."[10]

A este tiempo de la ilusión se añaden en un libro el espacio de la hoja, la disposición del texto y de las imágenes, la sucesión de las páginas, la longitud del libro. El niño juega con la duración pero también con todo aquello que tiene sentido para él. Puede decidir detenerse de pronto, regresar o ir directamente al final. El lector, sin embargo, debe respetar un cierto orden: "No podemos leer un texto al revés, o dejará de ser un texto, ni letra por letra ni palabra por palabra, por lo general ni siquiera frase por frase".[11]

Para el niño el libro representa un objeto permanente y estable a partir del cual su imaginación y su energía creadora pueden tomar vuelo. Los niños lo abren y lo cierran, lo "recorren", literalmente. En un libro todo lector se pasea entre las páginas como quien va por un camino o por un prado. La historia está encerrada en él. El niño puede asirla para poseerla mejor. Experimenta así el despliegue en el tiempo, en el espacio y en el volumen del libro.

En un principio, el niño sólo presiente las nociones de "espacio", de "duración", de "sucesión". Largo o grande, breve o pequeño, todo está mezclado todavía para él. Un nene muy pequeño preguntaba a sus padres: "¿Cómo es de grande el parque?, ¿grande como una noche?" Al manejar el libro, al derecho o al revés, poco importa, el niño explora la construcción de la historia de múltiples maneras. Lo hojea en uno u otro sentido, se detiene o va

[10] C. Metz, *Le Signifiant imaginaire. Psychanalyse et cinéma*, París, Christian Bourgois, colección "10/18", 1977.

[11] G. Genette, *Figuras III*, Barcelona, Lumen, 1989.

de prisa, descubriendo así, poco a poco, toda la riqueza de la cual son portadores los relatos.

En un espacio donde hay libros, los niños caminan o se sientan sobre ellos en actitud triunfal, o con orgullo se ponen un gran álbum como sombrero. Cuando les leemos un cuento, se divierten leyéndolo ellos solos, a su manera, imitando al adulto y mostrando que el poder manipular el libro a su antojo es importante para ellos. El niño pequeño está siempre en movimiento y cuando se apodera de un libro con frecuencia lo abandona rápido, pero al momento siguiente, quiere retomarlo. Se apropia en cierta manera del álbum, pero con sus manipulaciones, se apropia también de su contenido.

Un niño de dos años se aísla. Está recargado en *El libro más grande del mundo*, colocado verticalmente. A veces el libro se cae. Cada vez que esto sucede, el niño lo coloca de nuevo, ordenando muy bien las páginas, antes de retomar su "lectura" de *Maxou el loco*, un pequeñísimo libro protegido por el libro gigante.

En otra ocasión un libro inmenso está dispuesto como una casa. Lo ocupan tres bebés, uno en cada compartimiento...

Si bien la lectura, esa exploración de un álbum, puede ser más o menos ordenada o caprichosa al filo de las líneas y las páginas, nunca podrá, sin embargo, llegar a la desorganización completa. Se apoya en el mismo relato contado cada noche al niño. *Buenas noches luna, El osito pardo, La caperucita coja* o *La cacería del oso,* introducen infinitas aventuras página tras página y se prestan a innumerables digresiones, aunque tendremos que cerrar el libro a la hora de dormir, cuando la historia termina, aunque sea para volverla a contar al otro día.

# Encuentros alrededor de los libros

Como cada semana, la animadora acaba de llegar a un consultorio de prevención pediátrica. Se coloca en medio de los niños que juegan, saluda cálidamente a las familias conocidas y se presenta a las que no la conocen. Extiende los libros sobre la alfombra. Matilde, de dieciocho meses, se aproxima. Encuentra *Diez en la cama* y se lo tiende a Stella, sentándose muy cerca de ella. Las ilustraciones las hacen reír. La lectura comienza:

> *Eran diez en una cama y el más pequeño dijo:*
> *"Háganse a un lado, háganse a un lado"; uno se cayó,*
> *y sólo quedaron nueve; el más pequeño dijo:*
> *"Hagan lugar, hagan lugar"...*
> Continúa así hasta que sólo quedan tres, dos,
> *"Háganse a un lado, hagan lugar..."*

Atraídos por este melódico texto, divertido y rítmico, tres o cuatro niños abandonan los juguetes. "Háganse a un lado, hagan lugar", repiten haciendo eco. Los demás tomaron libros y se los llevan consigo sin dejar de deambular. Algunos retoman sus juegos, otros se quedan cerca. El ruido de las pelotas continúa pero la historia se impuso. A partir de ese momento los libros se volverán un hilo invisible que une a niños y adultos con la animadora. Pedro, de dos años y medio, hoy se comporta de manera inhabitual. Escoge sucesivamente diferentes álbumes que estrecha en sus brazos y de pronto se va a un rincón lejano, donde se sienta en una sillita junto a la pared, hasta el final de cada uno de los cuentos. A cada cuento recomienza su ir y venir. La animadora se integra al movimiento y cuenta *El carrusel o calesita* cuyas vueltas multicolores se ilustran a lo largo del libro por medio de imágenes borrosas. Breves frases escritas en letras grandes subrayan el arrebato de la ronda. Esta vez hasta se pone a cantar "la canción del carrusel" cada vez que surge el estribillo.

Yasmina, de un año y medio, se acerca también. Es más difícil con ella porque leerle cuentos la hace llorar... Por eso, la animadora pasa a ocuparse de un grupo dirigiéndose al niño más pequeño que está jugando en su sillita de bebé. Entonces sí, Yasmina pone atención pero guardando las distancias. Si Stella se dirige a ella para el cuento siguiente, se pone a llorar. No acepta que la lectura se haga para ella en particular.

La persona que lee ciertamente tiene un talento personal, pero ante todo respeta las reacciones de los niños, se deja guiar por su interés, por su apetito, sin meterlos nunca en problemas. Así, los niños serán su guía: tanto espectadores como actores.

Sarah, de dos años, está dedicada a la búsqueda. Aparta varios álbumes de radiantes colores, con bellas imágenes. Encuentra por fin lo que quería: *Los tres cochinitos*, en una edición mediocremente ilustrada y además muy maltratada.

Los adultos descubren de nuevo el placer de los relatos y de las lecturas de la infancia. Por su parte, los niños están felices al escuchar el mismo libro, el mismo cuento. Prefieren siempre el texto a las imágenes, por bellas que éstas sean.

¿Quién no ha escuchado a la hora de dormir, una vez apagada la luz, a un niño de cuatro años contándole a su osito de peluche un cuento, reciclando algunas frases del cuento que acaba de escuchar?

Los niños que aún no saben hablar, los bebés, ya pueden expresar su alegría al escuchar cantilenas, historias acompasadas con rimas y estribillos como las primeras *Enfantines*[12] que van nombrando las partes del cuerpo, los dedos de la mano y las partes del rostro que se van tocando al mismo tiempo conforme se leen.

Les gustan los estribillos divertidos –"Pin dibidu gob gobida bidu"–, pero también, lo cual es aún más sorprendente, las historias bien articuladas, bien escritas donde el suspenso y la dicha de volver a un territorio seguro están felizmente equilibrados. Existen indiscutiblemente clásicos de la literatura infantil, de eso hablaremos más adelante. Desde muy temprana edad, los niños eligen algunos héroes privilegiados, *Babar, Azulito y Amarillito*, *Minibill alias "Tom"*, cercanos a Toto y a otros pícaros de la calle; o por ejemplo, *Osito Pardo de ojos maliciosos.*

## Los bebés saben que el texto tiene un valor

Quizá el aspecto más sorprendente de los bebés es que para ellos la escritura, el idioma impreso, es intrínsecamente portador de sentido. Los adultos se maravillan cuando presencian esta primera apropiación del signo escrito.

Desde muy temprana edad, cuando empieza a hablar, el bebé sabe diferenciar entre las ilustraciones y el texto que él mismo muestra con el dedo. Para él, "crito", "escri-

[12] M.C. Bruley y L. Tournus, *Enfantines*, París, L'école des Loisirs, 1990.

to" debe significar algo importante, algo que los adultos entienden, un código que él poseerá algún día y al que hace objeto de su investigación.

A Louis, de diecisiete meses, le gusta mucho una historia del lobo. Cuando se la contamos, pone un dedo sobre los labios del lector para evitar oír la voz del lobo: "Uhuuu, uhuuu..." Luego pasa un largo rato acariciando la imagen del hocico del lobo. ¿Cómo permanecer incrédulo ante todas esas diferenciaciones?

Soraya es una "veterana" del rincón de los libros. "¡Lee, lee!" ordena ella. Obediente, el adulto lee: "Impreso en Neufchâtel en el año de, etc." La frase en letra pequeña tiene que ser leída hasta el final, y la niña no la volverá a reclamar, ni en este libro ni en los siguientes. En cuanto a Eric, él tiene un pequeño ritual: a cada nuevo libro hay que leerle la página legal, pero sólo la primera vez; las veces siguientes lo saltamos, ¡no tiene importancia! No está en la historia.

### La memoria de los libros

Todo está listo para ellos, los futuros lectores. Mientras tanto, se van construyendo una biblioteca personal que nunca olvidarán.

Robin frecuenta una ludoteca entre los cinco y los once meses. Allí se practican la animación y el préstamo de libros. En un primer tiempo la animadora escoge juguetes para él; a los diez meses él toma la iniciativa y conquista su lugar en el rincón de los libros. A los once meses descubre y juega con el álbum *Juan de la luna*, lo husmea, oliendo la flor como lo hace el niñito de la portada. "¡Mmmm huele rico!", le decimos; "¡ico, ico...!", repite él continuando con su mímica y todos ríen. No se le vuelve a ver en cuatro meses. Tiene ya un año y medio cuando regresa. Primero, muestra algo de indiferencia a la animadora que lo saluda. Va hacia los juguetes, luego se acerca repentinamente a ella, le entrega *Juan de la luna*, que él solo fue a buscar de entre los libros y con la misma premura se aleja de nuevo. Un poco más tarde Robin se acerca otra vez al rincón de lectura, ahora cargando varios libros. Se recuesta en uno de los sillones para bebé y ordena: "¡Amárrame!". Se acomoda entonces bien al fondo del sillón. Tiene en la mano *Juan de la luna* y husmea la flor de la portada; luego la animadora reencontrada le tendrá que leer uno tras otro, todos los álbumes escogidos por él, quien los escucha en esta posición, como lo hacía cuando era más pequeño. Ella acepta de buen grado, frente al personal de la ludoteca, que se maravilla al descubrir que este bebé, ¡posee ya una memoria tan ilustrada!

## Renunciar a enseñar

Las reacciones de los adultos pueden ser bastante imprevisibles, a veces ilógicas, a menudo apasionadas y por ello arbitrarias y negativas. Frente a un intercambio evidente, a un interés patente que no necesita explicación alguna se les ve manteniendo su posición: "A los bebés nos les gustan los libros: no son para ellos; son demasiado pequeños."

¡Cuántas veces hemos encontrado esas actitudes paradójicas! Nuestra experiencia muestra que esas primeras reacciones frente a algo que perturba las costumbres establecidas de una institución o de una familia no deben tomarse al pie de la letra. Sentirse molesto no significa rechazar. Algunos atajos serán con frecuencia necesarios para permitir la aceptación de la evidencia y cambiar algunas costumbres establecidas en un servicio o en una familia. A veces quienes tuvieron una reacción fuerte, negativa o no, pero que se sienten lo suficientemente implicados para continuar el debate con nosotros, son los que algún día serán nuestros aliados.

Para ilustrar lo anterior, citemos el caso de un médico en un consultorio de prevención infantil. Primero reticente frente a esta nueva actividad, no salía de su consultorio, llamaba inmediatamente a los niños. Luego, oímos que decía: "Cuando la bibliotecaria viene a mostrar y leer los libros en nuestro servicio, siempre me impresiona la calma que reina en la sala de espera". A partir de este momento, si el niño se encontraba cautivado por un libro, le llamaba a consulta sólo cuando se le había terminado de leer y hasta de releer su historia.

A pesar de su tono, en apariencia rudo, este médico no pudo resistir al placer y al interés que había notado, aunque invocara al mismo tiempo el orden necesario en las consultas. De hecho tuvimos que convencerlo poco a poco, recordándole primero su propio placer con los libros como padre –o más sencillamente, como hombre que alguna vez fue niño. Sólo después pudimos tener una discusión sobre la importancia de nuestras actividades. Por ejemplo, en un taller sobre la animación para los bebés, las educadoras habían propuesto, con cierto humor: "¡Ahora queremos que ustedes nos lean los libros que les leyeron a los niños!"

Elegimos privilegiar los momentos en que los adultos que diariamente cuidan del niño estuvieran presentes y pudieran observar durante un tiempo suficientemente largo el placer que el pequeño experimenta con los libros. El adulto tiene entonces la oportunidad de captar comportamientos, que, si bien no son habituales, sí sirven, en cambio para que los padres o las animadoras se convenzan de los espectaculares logros de sus niños: la apropiación para su uso personal de la historia relatada en un libro.

Hace ya algunos años, en una sesión de formación de asistentes maternales (preciadísimas aliadas nuestras frente las familias), una de ellas exclamó: "¡Hablo por todas nosotras: este asunto de libros nos perturba un poco! ¡Nos dan ánimos diciéndonos que las actividades de biblioteca son voluntarias y luego se nos obliga a hacerlo además de nuestro trabajo que ya es lo suficientemente pesado!" La puericultora y la bibliotecaria presentaban sus libros, pero esta vez las cosas no funcionaron bien. Los niños esperaban en una habitación contigua. Cuatro de ellos invadieron entonces el lugar. Uno llorando, y los otros porque querían volver con las asistentes a quienes sentían muy cerca, refugiándose entre sus piernas. Luego, el llorón se apartó y fue a buscar un libro, *El canto de las ballenas*, que empezó a hojear con delicadeza. Se notaba la familiaridad de ese bebé con los libros. Esto sucedía porque tenía libros en su casa. Este ejemplo fue contagioso y los otros bebés también tomaron los álbumes a su alcance, los empezaron a manipular y los amontonaron sobre los regazos familiares. La atención del grupo se desplazó. Cada uno se puso a observar a los niños. Como ocurre a menudo, el interés de los más pequeños fue el factor de cohesión de la curiosidad de los adultos por los libros. Luego la misma señora simpática que había afirmado enérgicamente su reticencia, quiso participar en talleres aún más especializados sobre literatura infantil.

Esta técnica para abordar a nuestros diferentes interlocutores sin tratar de convencerlos a todo precio, apoyándonos en la experiencia de los adultos en contacto con los niños, tiene por objetivo el demostrar cómo el predominio de las tareas indispensables de la vida cotidiana relega a segundo plano todo un campo de relaciones cuya importancia nadie niega. Pero una vez recobrado el valor de este intercambio tenemos que luchar contra quienes quisieran utilizar el juego con los libros en favor de la tentación de lo útil: contra la idea de que tiene que ser rentable, de que el niño tiene que "aprender" algo o contra la necesidad de que el relato tenga que parecerse a una situación de la vida real.

Muy a menudo, los adultos, con buenas intenciones interrumpen el encanto de una lectura para "explicar" una parte del sentido de la historia, una palabra, una letra, a un muy joven aficionado que sólo está empeñado en domeñar el poder de las palabras y de los signos. ¡Sin embargo, esos mismos adultos no se planteaban tantos problemas cuando canturreaban estribillos o canciones de cuna a un bebé más pequeño!

Los niños que aún no saben hablar bien no están listos para un razonamiento, y exigir de ellos una "comprensión" a nuestra manera produce en cambio un completo desfase. A nadie le viene la idea de explicar a su vecino el solfeo durante un concierto; es igual de inoportuno interrumpir la ensoñación de nuestro pequeño aficionado al proponerle lo que hay que entender o distinguir.

Al escuchar una historia, el niño se encuentra en un mundo privado donde él es el rey, y sería una lástima perturbarlo con explicaciones tan torpes como fuera de lugar.

En el diálogo de Alicia a propósito del poema "Jabberwocky" en *Del otro lado del espejo*[13] Humpty Dumpty expresa muy bien esta supremacía de los niños sobre las palabras:

"Cuando empleo una palabra, significa exactamente lo que yo quiero que signifique, ni más ni menos... La cuestión es saber quién será el amo, eso es todo." [14]

Le explicará entonces a la pequeña desconcertada y aturdida:

"La Asar vesperia significa las cuatro de la tarde, el tiempo en que empiezan a meterse al horno las cosas para la comida."

Esto hace que Alicia, pensativa le pregunte:

— ¿Y los toves?

—Bueno, toves son algo así como tejones... algo así como lagartijas... algo así como sacacorchos.

—Deben ser unas criaturillas muy raras...

—En cuanto a verdilecho, esto significa lechón verde." Etc, etc.

Con demasiada frecuencia el adulto quiere explicar el vocabulario. Si bien a veces es necesario poner ciertos textos al alcance de los niños, éstos razonan a su modo y los significados de las palabras y de las construcciones de frases no están inscritos en ellos de manera estable. No es sino en un lapso largo de tiempo que esos lazos van

[13] L. Carroll, *Tout Alice*, trad. H. Parisot, París, Garnier-Flammarion, 1979.

[14] L. Carroll, *Al otro lado del espejo*, trad. de Adolfo de Alba, México, Porrúa, 1982

a constituirse poco a poco, por medio del juego de las repeticiones y del placer en su capacidad de invención y de poner en relación sonidos y sentidos. Enseñar es, antes que nada, comprender que los niños se apoderan de lo que les proponemos. No son pasivos, en su turno construyen a su vez y necesitan apoyarse tanto sobre su propia actividad psíquica interiorizada –que es un juego con el lenguaje y con las otras representaciones– como en lo que les proporcionamos para alimentarla.

### Un momento de intercambio

Cuando se cuenta una historia a un bebé, el placer que éste experimenta se refleja en su madre. Él posee un poder extraordinario: todo lo que hace, sus mímicas, sus gritos, los movimientos de su cuerpo, todo hace reaccionar a las personas que lo rodean. En el transcurso de estas sesiones de animación es este intercambio lo que da sentido a lo que sucede entre el narrador, el niño y sus padres.

Si hoy empezamos a tomar conciencia de las capacidades de los niños más pequeños, descubriremos también el talento de los padres, aun cuando éstos no sean lectores asiduos. Es muy importante que nuestras acciones no los dejen a un lado sino que favorezcan la relación con sus hijos. Todos los adultos redescubren el tesoro universal que representan las rimas y las historias olvidadas del tiempo de las cantilenas.

Cuando están solos frente a los libros, los niños buscan la atención de los adultos. Pueden desinteresarse de la historia y del libro si el entorno es indiferente. Pero si le damos la oportunidad, el adulto recobra el placer con los libros y comparte este placer con el bebé.

En una sala de espera de PMI, un padre tiene en su regazo a un bebé de tres meses y medio que trata obstinadamente de manejar un álbum en forma de acordeón. El padre lo acompaña en sus gestos, sonriéndole y haciendo mímicas. En este intercambio prolongado, donde el papá se introduce en el ritmo del niño, el tiempo parece detenerse. El adulto comparte estas primeras sensaciones que acompañan las tempranas conquistas del mundo.

A veces hay momentos de duda o de rechazo; la presencia del libro remite a los padres al hecho de que ellos mismos casi no leen, de que hasta ese momento nunca les leyeron a sus hijos o de que sus propios padres nunca lo hicieron. Culpabilidades revividas y miedo al cambio se oponen a las experiencias nuevas. Anissa, de siete meses, gesticula en los brazos de su mamá para atrapar el libro cercano a ella. Una animadora se lo muestra, se lo lee y se lo deja. La bebé lo hojea con gritos de alegría y se lo lleva a la boca. Su mamá entonces se lo quita y lo aparta. Sólo después de muchas sesiones las mamás domestican ellas mismas el libro y participan en la acción que se desarrolla.

En las familias de origen extranjero, pasado un momento de aprensión, la aproximación a los libros significa un verdadero reconocimiento del país que las acoge. Sólo después podrá tejerse un lazo en sentido inverso entre la lengua de adopción y la del país de origen, permitiendo así el encuentro con historias de la propia cultura. La mamá de Hakima, de seis meses, ríe cuando la niña trata de escalar para alcanzar un libro, se acerca a ella y se la pone en el regazo. Le lee en árabe y la animadora le lee en francés. Hakima pasa de la una a la otra con la sonrisa en los labios.

Estos ejemplos, que podríamos multiplicar, demuestran que sería una lástima dejar pasar la posibilidad de un intercambio alrededor de la narración y del libro, a una edad en la cual el bebé los pide de manera activa. Igualmente, sería vano ocuparse del niño si no nos ocupamos simultáneamente de su entorno más cercano. El hecho de quedarse al margen de la cultura escrita contribuye a dejar a las personas al margen de la pintura, de la música, del teatro, puesto que el libro da acceso también a otras prácticas culturales. Difundir los libros contribuye a disminuir las desigualdades culturales cuyos efectos conocemos bien. Como ya lo subrayamos, el hecho de abrir el libro a la vida se enfrenta a muchas reticencias, a muchos prejuicios: por ejemplo, el querer proveer de diversas formas de subcultura para llegar a los más desfavorecidos o creer que existen carencias culturales irreversibles. La "desventaja sociocultural" no es una discapacidad, ni una tara, ni una fatalidad, es una desgracia, afirmaba con vehemencia René Diatkine.

En cada grupo familiar se esconden tesoros secretos de una cultura íntima; y existen en todo ser que sepa hablar, aun cuando su vocabulario sea reducido e incluso cuando se encuentre bajo el peso de duras condiciones materiales y de una angustia cotidiana. Todo individuo sueña, de noche y de día. La imaginación es un bien universal. No existe un tratamiento ingenuo y simple para los que se encuentran aislados, proponiéndoles individualmente tal o cual objeto de cultura. Pero es interesante poner en marcha, a través de programas que impliquen a gran parte de la población, medios que permitan colmar las lagunas perjudiciales al desarrollo psíquico de cada ser humano.

Por esas razones no se deberían llevar a cabo los primeros contactos con los libros a contra sentido: no deberían limitarse a los bebés, aunque esto nos parece una prioridad, como aquí lo defendemos. Bajo su apariencia modesta, las historias y los álbumes para los niños más pequeños –puros objetos de placer aún no manchados por el bochorno del fracaso escolar o cultural– desempeñan el maravilloso papel de iniciadores y catalizadores. El libro es un soporte para el intercambio entre niños y adultos y enlaza asimismo al individuo con su comunidad.

# El lenguaje del bebé

Al desarrollar el conocimiento sobre las capacidades de los bebés desde los primeros días de la vida, los especialistas han confirmado que los recién nacidos no necesitaban sólo los cuidados materiales esenciales: se demostró, y las madres lo han percibido siempre de manera intuitiva, que las relaciones son también vitales para la construcción psíquica del niño. La madre entiende e interpreta las señales del niño. La respuesta que ella aporta toma en cuenta su experiencia, sus sentimientos y sus expectativas. Cuando el bebé reacciona, ella juega con sus propias emociones y se establece entonces entre ellos un verdadero diálogo que contiene todo tipo de experiencias y en el cual el lenguaje sólo es uno de los elementos. Acompañando a las palabras está el placer de los gestos, de las miradas, de los sonidos, de las diferentes maneras de encontrarse y alejarse que delinean una especie de paisaje de intercambios. Estas experiencias no tienen un objetivo concreto, pero sin ellas no habría desarrollo. Sobre este placer compartido, sobre este juego en todos los sentidos, se apoya el niño, desde su completa dependencia hasta su autonomía.

El ser humano permanece durante mucho tiempo en un estado de inmadurez en el cual acumula un número considerable de adquisiciones sin utilidad inmediata. Más tarde, el lenguaje se convertirá para el niño en un verdadero instrumento. Gracias a los juegos de lenguaje la vida mental podrá organizarse al crear lazos, conectando todas estas experiencias. Desde un principio, el niño es también sensible al sonido y al ritmo de la voz de su madre, así como a las palabras pronunciadas por ella. De la melodía al relato propiamente dicho, el niño recorrerá en pocos meses un camino extraordinario.

Recordemos que si un niño está totalmente aislado y privado del lenguaje de los adultos, no adquiere ni el lenguaje ni la capacidad de intercambio con los demás. En el siglo XIII, el emperador Federico II de Suabia hizo criar recién nacidos con la prohibición de dirigirles la palabra buscando descubrir una lengua original hablada por los niños. Ninguno sobrevivió a esta cruel experiencia. Los "niños lobos", niños "salvajes", perdidos o enclaustrados, criados sin que nunca nadie les dirigiera la palabra, una vez que se les rescata y educa, no logran adquirir jamás el lenguaje. Sin llegar hasta tales extremos, y más cerca de nosotros, en nuestras propias guarderías, cuando el personal en contacto con los niños llevaba una máscara por razones de higiene, los bebés, privados de la expresión de la parte baja del rostro, se desarrollaban menos bien, hablaban más tarde y ...¡se enfermaban con mayor frecuencia! Pero tampoco tendríamos que caer en el exceso inverso y atiborrar a nuestros niños con palabras: ¡los buenos momentos de silencio no hacen daño!

### La textura de la voz

El niño más pequeño es un gran conversador y se ha observado que emite más sonidos de los que podrá producir después, cuando ya haya dominado el lenguaje. Los balbuceos y "charlas" del bebé comportan un registro de fonemas variado, un amplio abanico de sonidos elementales que rebasan indudablemente el número de fonemas de la lengua materna. En el segundo semestre de la vida es cuando este registro se precisa; el niño selecciona ciertos fonemas y deja a un lado otros. A las variaciones de la entonación el adulto responde por inflexiones mucho más apoyadas que de costumbre, tomándose libertades con el lenguaje de los adultos, más articulado y necesariamente productor de sentido. El adulto "habla bebé" al utilizar un lenguaje mucho más cargado de emociones, más lento y melódico.

En ese momento, el lenguaje está muy ligado al cuerpo, a los gestos, a las caricias y a las cosquillas, al balanceo, a los gritos y a la risa. El bebé entra en la conversación agitando los brazos o los pies, intercambiando miradas, mezclándolas con el balbuceo. Reacciona más a la voz de su madre, sobre todo si ella adopta una entonación melódica cuando se dirige a él. En la caricia de su voz, ella deja percibir –como lo dice de manera tan hermosa Jacqueline Rabain–Jamin[15] al citar a Roland Barthes– que la voz, como la piel, tiene una textura. Aun cuando no sea para preguntar algo, la voz se eleva al final de cada frase, el bebé reacciona con su cuerpo, vocaliza a su vez... Pasados seis meses, se alternarán vocalizaciones y principios de articulación. Es cierto que no existe un diccionario del balbuceo pero a través de sus diferentes entonaciones los bebés nos dicen algo. Pueden mostrarse demandantes, juguetones, caprichosos, tristes, serios o actuando... Diálogo e intercambio particulares, por completo universales.

Como ya lo vimos, el lenguaje del relato forma parte de este intercambio, al igual que las vocalizaciones. Desde

[15] J. Rabain-Jamin, "Interactions sociales précoces et contexte culturel". *L'enfant du lignage*, París, Payot, 1979.

el nacimiento del bebé, los comentarios corren: sobre el parecido con otros miembros de la familia, sobre lo que será en el futuro, sobre lo que seguramente piensa ya... En la intimidad, las madres conversan con sus hijos de una manera que sorprende a terceros, y aun a ellas mismas (cuando, por ejemplo, se escuchan en una grabación). Es una mezcla de reflexiones prosaicas, de vuelos líricos, de confidencias o de comentarios absolutamente desprovistos de sentido.

El niño está empapado de lenguaje, el que le está dirigido y el que intercambian a su alrededor las personas mayores, hablen o no de él. Todos los adultos que cuidan al bebé en este periodo le hablan directamente y hablan de él como si fuera un interlocutor válido, aunque saben que el sentido de sus palabras no le es accesible. Dentro de esta paradoja y gracias a esta "ilusión anticipadora" por medio de la cual los padres o personas cercanas le prestan al bebé, contra toda razón, la capacidad de pensar y de realizar muchas cosas maravillosas, los adultos aportan una forma expresiva a los intercambios, tanto por la melodía como por frases cuyo significado es complejo. Se dirigen al bebé y le muestran así representaciones diversificadas que éste utilizará a su manera con su "propio lenguaje".

El niño se convertirá muy pronto en un refinado lector de las expresiones del rostro y de los movimientos del cuerpo, que con frecuencia los adultos no perciben: fruncimiento de las cejas, elocuencia de las comisuras, ojos entrecerrados, relámpago de una mirada, gesto imperceptible de un dedo, del hombro... Mímicas que, cuando se juntan con palabras, serán desde muy pronto para él señales variadas y precisas en su universo cotidiano.

## Del sonido al sentido

En una primera etapa, cuando el bebé comienza a emitir sonidos más diferenciados, los adultos que escuchan a bebés provenientes de distintos lugares de entre ocho y diez meses, saben si se trata de niños chinos, franceses, árabes, etc. Por ejemplo, los pequeños franceses emiten una mezcla de vocales y consonantes expiradas, mientras que los pequeños tunecinos emiten las consonantes inspirando, como es el caso en el idioma árabe.

De esta manera, desde el segundo semestre de la vida, el balbuceo del bebé hasta entonces idéntico para todos los idiomas, empieza a diferenciarse en función de la lengua hablada por su entorno. En esta fase intermedia, entre los ocho y los diez meses, el pequeño es capaz de reproducir giros sacados de la lengua materna.[16]

En un principio reproduce más bien entonaciones y luego comienza a pronunciar las vocales y las consonantes más utilizadas, y estos sonidos bien formados se volverán preponderantes hacia los diez meses. Alrededor de los siete a ocho meses es posible detectar en los sonidos emitidos por el bebé construcciones que se acercan claramente a la construcción fonológica de las primeras palabras que pronto pronunciará. Antes de que el niño logre unir sonidos y sentido, ya sabe reproducir la pequeña música de las palabras y el "fraseo" de las que escucha.

## La música del relato

Desde el nacimiento, las rondas, los primeros cuentos, acompañan a estas primeras experiencias y estos intercambios.

[16] B. de Boysson-Bardies, *Comment la parole vient aux enfants,* París, Odile Jacob, 1996.

Tienen en común con las frases cotidianas que dirigimos al bebé el acompañarse de gestos y la variedad de entonaciones melódicas. Además, se cantan o se hablan, y conjugan sentido y no–sentido. Teniendo como telón de fondo una estructura fuerte y repetitiva del texto, se yuxtaponen elementos donde la tensión se relaja en "juegos de rima" vocalizados. Volveremos sobre las cantilenas al final de este libro, con todos los demás géneros literarios destinados a los niños. Veremos cómo sus construcciones son rigurosas, sutiles y cómo su estética fue siempre apreciada como fuente de ritmos y de rimas poéticas. En los intercambios madre–hijo que traducen en lenguaje poético la diversidad de los juegos de lenguaje, ¿no existe ya una primera literatura y que va de las palabras más "descosidas" hasta las formas más complejas de la lengua materna, transmitidas así desde la cuna?

En esos momentos los niños se divierten en grande con las onomatopeyas que dan ritmo a historias como en *La cacería del oso,* por ejemplo.

Antes de cumplir un año, empiezan a precisar sus preferencias personales, y se afirma su gusto por las narraciones más elaboradas en cuanto a texto e imágenes. Si las historias con estribillos repetitivos gustan mucho a los niños, ya hay muchos de ellos que aprecian los cuentos como *Azulito y Amarillito* donde el relato de las imágenes nos remite felizmente al texto. Dos pequeñas manchas de color escapan a los padres, representados bajo el aspecto de cuatro grandes formas coloridas en azul y en amarillo. En su alegre fuga, Azulito y Amarillito recorren el mundo y contentos se abrazan y se vuelven, ambos… verdes. Cuando regresan a sus casas, el señor y la señora Azul y el señor y la señora Amarillo no los reconocen y no creen que sean sus hijos. Estallan en llanto: en la imagen se les ve explotar en pequeños fragmentos, en pequeños puntos coloridos que se vuelven de nuevo azules y amarillos. Al llorar, Azulito y Amarillito recobraron sus colores originales y reencontraron a sus verdaderos padres. ¡Qué alegría! Luego, una vez consolados se van con su amigo, Anaranjadito... ¡La vida continúa!

Al escuchar el relato los pequeños retienen su respiración, quieren pasar las páginas hacia adelante o hacia atrás –da lo mismo– para encontrar rápidamente a la familia reunida. A partir de los diez meses, el niño demuestra su emoción a lo largo de las peripecias de la historia, compartiendo con el adulto el placer estético de los dibujos "abstractos–figurativos" particularmente logrados. Este surgimiento del valor de un signo de color –contemporánea al florecimiento del lenguaje– cautiva al niño, quien desea apoderarse de las palabras como un pintor se apodera de un color.

## Del sonido a la palabra

En cuanto el niño comienza a identificar a los diferentes protagonistas de una historia como en el caso de Azulito y Amarillito supera una etapa importante. Siente que uno puede perder y reencontrar a las personas que ama, se convierte en un interlocutor que trata de expresar más claramente sus deseos y que tiene ganas de que lo entiendan. Se apoya en recuerdos de sus experiencias pasadas y comienza a darle un sentido preciso a las palabras que emplea. Regresaremos a esto más adelante.

En este esfuerzo creativo enunciará sus primeras palabras. La corriente del pre–lenguaje se encauzó, se canalizó.

El bebé produce menos sonidos pero al mismo tiempo tiene más aptitud para atrapar los elementos significativos en el lenguaje.

Empieza a desplazarse, luego camina y se aplica mucho a la actividad motriz. Aun cuando no se sostiene bien sobre sus piernas, se entrega sin descanso a sus investigaciones. Tiende a ensanchar el espacio, a afirmarse, demostrándolo con sus gestos. Se va, curioso, a la conquista del mundo, deseoso de imitar a los adultos. El uso del lenguaje de la narración, que expresa una situación diferida, tiende entonces a restringirse de nueva cuenta. Como ya lo dijimos, algunos padres están menos disponibles que otros. Poco convencidos de que ciertos intercambios esenciales puedan realizarse fuera de la utilidad inmediata, casi no se dirigen al bebé y casi no hablan de él.

Resulta que, aun cuando el bebé más grande sigue teniendo con frecuencia rupturas en el hilo de su atención, aun cuando sus pensamientos no tienen todavía cierta coherencia, cada vez es más capaz de sostener una atención prolongada, incluso si no es fácil percibirlo. Puede parecer menos receptivo a las palabras de las personas cercanas a él o de extraños puesto que se ha vuelto más independiente. Sin embargo, esta falta de atención sólo es una apariencia, ya que se trata de un periodo en el cual el niño asimila intensamente.

La variedad sonora expresada en el balbuceo y en la charla de los bebés fue sustituida por otro juego con los pensamientos, muy intenso, menos exteriorizado, poco perceptible. El bebé lo registra todo con avidez, sin mostrarlo. Sólo después de un tiempo de elaboración interior, de repetición de las experiencias vividas de las cuales nada se transparenta, el bebé enunciará una palabra adecuada a una situación, lo cual va a maravillar a cuantos le rodean.

En ese momento, el niño empieza a convertirse en un ser más autónomo, a tomar conciencia de su individualidad. Elabora su propio mundo interior y todo esto no se logrará sin angustia ni conflicto.

El niño se vuelve también capaz de extender un libro que le gustó a la persona que ya se lo había contado tiempo atrás, días o a veces semanas. El adulto, tomándolo a la ligera, no valora siempre en su justa medida la hazaña increíble que el niño está realizando entonces.

Es una edad maravillosa para contar los primeros cuentos, después de las cantilenas, las rimas y las historias que se repiten. A la edad de los "¡Hola, hola!", "allí, no allí", "papápapá" "mamámamá", los buenos autores y los buenos contadores de cuentos tienen una predilección por los dobletes en estribillo: "¡Así, asá!", "¡abajo, arriba!" que acompañan *El columpio*, primeros sonidos mejor percibidos por el niño en el umbral del lenguaje. Pausas silenciosas, acompasando secuencias bien delimitadas, estimulan al bebé en esta fase de descubrimientos y de progresos.[17]

El niño quisiera que los sonidos por él emitidos tuvieran un significado para las personas de su entorno. Le da rabia e impotencia no poder hablar y expresar mejor sus deseos. Manifiesta entonces su decepción y, aun más, su triunfo, cuando por fin se da a entender con una palabra.

La primera palabra que el niño realmente domina con su justo significado es "no". Las otras primeras palabras,

[17] E. Cabrero Parra, "Deixis et opérations symboliques", en L. Danon-Boileau (Dir.), *Deixis*, París, U., 1996.

"papá", "mamá" o el nombre con el que llame a su juguete preferido todavía no tienen el sentido que adoptarán más tarde. Expresan una pluralidad de sentidos, son "palabras valija" que designan una situación en su conjunto: por ejemplo, todo hombre es un "papá". Pero con la palabra "no" nadie se equivoca, ¡tiene realmente el sentido definitivo! El niño se posiciona oponiéndose.

Luego se designará a sí mismo con su nombre de pila y comenzará a pensarse en primera persona, su "yo" se va a constituir. Durante mucho tiempo, las palabras aisladas –un nombre, un verbo– van a relacionarse para el bebé con una situación general, al mismo tiempo que con una vivencia y con una representación fabricada por el niño en su espíritu, bastante misteriosa para nosotros que pensamos con el lenguaje. Sólo más tarde las palabras aisladas serán entendidas por el pequeño como elementos de una cadena verbal, de una frase, de un enunciado constituido, un nombre que remite a un verbo, a un complemento, a palabras de transición. Sin embargo, el niño forjó sus propias elaboraciones sobre las palabras. Le da prioridad a los nombres propios; vienen luego los nombres de cosas y los verbos, así como ciertas locuciones; luego, palabras más complejas, compuestas de manera más extraña que en el primer nivel que él ya conquistó. Son etapas de iniciación que debe crear él mismo. Descubre palabras nuevas –los adverbios–, que enuncia a propósito de todo y con frecuencia fuera de lugar. Incluso utiliza a veces giros de lenguaje tomados del texto de algún libro.Los niños "leen" a su manera, primero las palabras, luego las secuencias de frases.A veces el sentido puede ser exacto, en ocasiones no: el ritmo, la prosodia, una construcción de sentido propia del niño –que escapa totalmente a una persona que domina el lenguaje–, ¡pueden adelantarse a las palabras! Por esa razón, no hay que pedirle al niño que repita el texto si no lo hace él solo. No es raro que al escuchar la historia, el niño construya en voz alta su versión utilizando una "cita" que pidió prestada a otro cuento. Por el contrario, debemos obedecer a su exigencia renovada de contar la historia sin cambiar nada, tantas veces como el niño lo pida y hasta el final, si podemos (pues a veces el niño, ese ser contradictorio, nos puede interrumpir), diciendo siempre las mismas palabras en los mismos lugares. Es esta estructura lo que gusta al niño y lo que ayuda a organizar su pensamiento. Pero claro, conservando el sentido común: aunque este joven lector nos maraville, debemos respetar las horas de la comida y del sueño, ¡los momentos de un buen ritmo de vida!

Al leer historias, utilizamos en el diálogo palabras y giros que quedan más allá de la comprensión inmediata del bebé; es igualmente importante dar al niño en esta etapa un vocabulario rico, formas variadas de lenguaje, mezclándolas con formas diversificadas de la representación: gestos imágenes, grafismos, letras, conservando las entonaciones de esta edad. "Casucha", "torno" y "clavija" son mucho más evocadores que "casa", "tejido" o "timbre".

El libro, como se ve, es una ventaja en las interacciones, un valioso auxiliar. La calidad literaria del texto y la de las imágenes son elementos primordiales. Dar a ver y a escuchar un relato a un niño es una experiencia que le procura tanta alegría y excitación afectiva e intelectual como el descubrimiento de su propia imagen en un espejo. Pero con la particularidad que le ofrecen las historias de jugar con el tiempo, de recorrer el pasado, el presente y el futuro.

*La cacería del oso*

Este libro conjuga felizmente un texto poético, una narración bien estructurada e ilustraciones que dan a la historia una visión complementaria.

En este hermoso texto, el "mentir con la verdad" del relato es particularmente afortunado. La imaginación más desbordante remite en el tono justo a las situaciones más cotidianas de la vida de un niño con su familia; el realismo de la cama que se encuentra al final de la historia es tanto el bien concreto del suave edredón como el del mundo maravilloso de los sueños y la noche.

El relato toma ritmo al abrirse cada episodio, con el estribillo:

*Iremos a cazar un oso…*
*¡La vida es bella!*
*¡No tenemos miedo de nada!*

El papá y los niños van de cacería. Cada secuencia se desarrolla en tres páginas: dos en blanco y negro, con texto y dibujos; la tercera en acuarela con bellos colores, sobre una doble página donde está escrita en cada nuevo paisaje, cada vez más hostil, una onomatopeya repetida en letras grandes, que acompasa la emoción creciente. Los colores se ensombrecen hasta llegar a la gruta, "¡Pequeño miedoso! ¡Pequeño miedoso!", cuando la aparición del enorme oso hace que toda la familia huya despavorida.

Los episodios desfilan luego en sentido inverso, sobre una sola página dividida en seis rectángulos tipo cómic donde se repite la sutil combinación de los juegos de repetición del texto y de las imágenes del recorrido. Las mismas onomatopeyas trazan el retorno precipitado y la huida desesperada: "¡Pequeño miedoso! ¡Crisss, crisss! ¡Uhuuuuu! ¡Plaf! ¡Pluf! ¡Splash! ¡Flu, flu, flu...!", en la pradera recobrada. Y se termina con un: "¡Rápido, a la cama!" bajo un gran edredón rosa pálido de donde surgen las caritas medio angustiadas, medio tranquilas: "Nunca jamás volveremos a cazar un oso."

El paseo más banal ¿podría seguir siendo aburrido después de este tipo de aventuras?

# La novela del bebé

El desarrollo del niño es un recorrido durante el cual cada etapa sucesiva brinda una luz nueva sobre las etapas precedentes. En efecto, al integrarse a la experiencia del niño, toda adquisición produce una evolución, casi una revolución. La evolución nunca es lineal, ni en el dominio de lo afectivo ni en el de lo intelectual. Al ir creciendo, el niño construye un pensamiento cada vez más complejo que engloba y reacomoda los recuerdos y las experiencias, puesto que la materia psíquica está viva. Si los eventos vividos tienen una realidad tangible en el presente, la manera de vivirlos, de interpretarlos, está siempre en movimiento y es susceptible de transformarse *a posteriori*.

Desde el nacimiento, los relatos acompañan la evolución del niño en sus interacciones con el adulto, y para cada etapa del desarrollo podemos encontrar elementos fuertes de cierto tipo de relato correspondiente a la vivencia interior y a la relación que el niño tiene con su entorno. Evidentemente, esto no quiere decir que habría que reservar tal o cual tipo de historias a niños de tal o cual edad, ni que sería benéfico retrasar o apresurar su lectura. Esto significa que el niño a toda edad, como acontece con los adultos, encontrará en una misma lectura, en lo más profundo de sí, la misma raíz de una satisfacción o de una carencia, de una angustia o de un alivio. En este compartir, en el cual la escucha y el placer de los libros son tan diferentes en el bebé y en el adulto lector, cada uno aporta la diversidad de sus propias reacciones, pero el punto de partida de uno, converge con el del otro y así se da el placer compartido de la lectura.

Nos ha parecido importante confrontar los datos conocidos sobre el desarrollo psíquico del niño con las observaciones hechas en las animaciones con los libros.

Nos referiremos con frecuencia a D. W. Winnicott, psicoanalista inglés conocido por sus trabajos sobre la primera infancia, pues nos ofrece una de las perspectivas freudianas rigurosas, la suma de conocimientos más rica y accesible para explicar la cuestión de los primerísimos intercambios culturales entre el bebé y su entorno.

## La vida contrastada de los primeros meses del bebé

La psique del bebé tiene sus propios ritmos, su *tempo*. Sus reacciones, al principio de la vida, son bruscas, globales, instantáneas. Pasa de un estado a otro: de la rabia o la desesperación, a la beatitud más completa. Sus reacciones son vivas, prestas, marcadas por la ambivalencia y pueden desaparecer tan rápido como surgieron. A veces se adaptan al medio exterior, en ocasiones no. El bebé percibe muy bien la menor mímica en una actitud, en una inflexión de la voz; el buen o mal humor y la mayor o menor disponibilidad de quienes lo rodean. Si bien identifica de inmediato firmeza o cansancio, aprecia desde muy temprano, lo que puede o no obtener de las personas de su entorno, y esto no guarda realmente una relación con lo concreto de sus necesidades materiales. Ya existe en el espíritu del bebé un primer juego representativo interiorizado, aun cuando la coherencia y las relaciones entre sus primeros pensamientos están apenas constituyéndose. El bebé sueña y tiene una actividad imaginaria a la cual no tenemos acceso, en su mayor parte. Fabrica muchos tipos de puesta en escena interiores pero aún no es el director: aún no se percibe como "sujeto" de lo que le acontece.

En latín *infans* quiere decir "sin palabra", y antecede a *puer,* el "niño grande". Al dominar las palabras y al tener acceso a la capacidad de contarse a sí mismo y a los demás lo que le pasa, el niño más grande ya expresará sus deseos. Aun cuando sigue siendo dependiente y "pueril", se convertirá en un verdadero interlocutor. Aunque deberá primero haber experimentado una serie de situaciones gratuitas, puestas en palabras durante los juegos y en las relaciones donde predominen los ejercicios de imaginación, antes de llegar a un mejor dominio de la realidad.

En todos los cuentos maravillosos encontramos oposiciones y movimientos análogos a los experimentados por los bebés. Una criatura feroz, peligrosa y mala surge de repente, y después, gracias a algún talismán, la horrible amenaza y la tensión ceden instantáneamente y el héroe entra en un estado de dicha absoluta, sin transición. Este desarrollo mágico en las historias traspone, en un relato coherente, el paso rápido de un sentimiento a otro opuesto: se suceden el derrumbamiento y la agitación, seguidos de la tranquilidad y la más tierna languidez. El cuento de Grimm, Rumpelstiltskin, encarna muy bien esas irrupciones de la impulsividad: al final de la historia el enano malo, muy enojado, sumerge por completo su pierna en la tierra, explota en mil pedazos y desaparece para siempre.

Si las reacciones del bebé son oscilantes, manifiesta sin embargo mucha constancia en el seguimiento de sus ideas. Puede mantener su atención interrumpiéndola, claro, y retomándola, durante largos momentos. Esto puede observarse con una sonaja, un peluche, un rayo de sol, una canción. También con un primer libro ilustrado o con una cantilena.

Los niños más grandes –de dos o tres años– están todavía muy cerca de la "etapa bebé" y la presencia de los más pequeños no les molesta. Es por esto que es interesante mezclar a pequeñitos con grandes durante los momentos de lectura y de manipulación de álbumes: cada uno encuentra en ello una satisfacción diferente y comunicativa. Por ejemplo, una animadora lee *El gran nabo,* cuento ruso donde una plétora de personajes variados trata de arrancar de la tierra un enorme nabo que se resiste. Ella tiene un bebé en su regazo, arrullado por su voz, encantado; al mismo tiempo, una nena más grande trata obstinadamente de desplazar al pequeño de su lugar privilegiado. Esta peripecia sólo puede añadir algo al placer del cuento. "¡Y tira, tira, más y más! ¡Y tira y tira una vez más!"

Y la enumeración comienza de nuevo.

## Entre el bebé, su madre y el mundo: los fenómenos transicionales

El bebé, en su pensamiento, se mueve en un mundo intermedio entre él mismo y su medio protector. En esta área intermedia, D. W. Winnicott[18] nos ha hecho ver la gran importancia del interés del bebé por un objeto, fragmento de tela o peluche al cual se aferra, en el seno de este "universo transicional" que se crea entre el niño y su madre.

[18] D.W. Winnicott, *Jeu et Réalité*, París, Gallimard, 1971 (trad en español: *Realidad y juego*, Madrid, Gedisa).

Pero la evocación de estas pequeñas cosas, insignificantes en apariencia, como la punta de la manta que el bebé succiona *(blue blanket),* el primer juguete del cual no puede prescindir, se ha vuelto... un estereotipo en el estudio de las relaciones del bebé con su entorno. El término "transicional" es, en efecto, empleado con frecuencia de manera poco rigurosa y esto tiene importancia al interpretar la representación de la relación madre–hijo en la creación de los primeros intercambios culturales.

Asimismo quisiéramos rectificar aquí la interpretación con frecuencia errónea de lo que es un "objeto transicional", porque tenemos tendencia a confundirlo con la cosa misma, es decir, con la punta de la manta o el osito, mientras que no se trata de una cosa concreta sino de la investidura que el bebé le da a ese objeto ofrecido por la madre (o la persona que brinda los cuidados maternos) y entregado a las sensaciones e imaginaciones nacientes del bebé. El objeto transicional no es un objeto material: designa una primera impresión, una primera huella en el espíritu, forjada por el niño a partir de esas cosas concretas, lo cual es muy diferente. Antes de que el niño se constituya como sujeto, antes de que pueda darse cuenta de que sus objetos de amor son seres diferenciados, Winnicott nos invita a concebir el primer bosquejo de un objeto exterior de amor.

Por eso, es mejor hablar de "fenómenos transicionales" para restablecer esta idea esencial: se subraya la actividad del mundo interior, la riqueza de pensamiento en el niño más pequeño y la importancia de una experiencia compartida entre la madre y el bebé.

Pero "experiencia" no significa utilización de cosas concretas. La experiencia vivida con los cuidados maternos no se limita a lo material, a lo que se percibe o al contacto corporal como se ha dicho al interpretar erróneamente a Winnicott. Asimismo, se cree que el "espacio transicional" sería un lugar para el recreo dentro de una guardería, cuando se trata en realidad de una forma de relación humana. El niño, que todavía es muy dependiente del deseo del adulto, construye las premisas de una liberación de la vigilancia bien intencionada o invasora de aquél. Es un estado interior que se establece ya sea si el niño está en brazos del adulto como si se encuentra a distancia.

Desde los primeros relatos y cantilenas hasta los cuentos y canciones de secuencias repetitivas como *Golondrina te desplumaré* o *Rueda galleta*, los libros de imágenes e historias van tomando su lugar en este universo imaginario, entre todos esos curiosos objetos de amor que se proponen a la invención naciente de los bebés para servir de intermediario entre ellos y el exterior. Winnicott dijo que este "espacio transicional" está en el origen de toda experiencia y de toda producción culturales. Los libros son apreciados a la vez por el bebé y por su madre, quien reencuentra así en su compañía el país de su primera infancia. Ambos pueblan el área con la experiencia que los une.

*Patatrás* es un hermoso álbum cuadrado de gran formato cuyo texto se encuentra a medio camino entre una cantilena y los cuentos que después pasarán a ser parte de la cultura literaria de los pequeñitos; éstos se contarán entonces con más distancia, con menos gestos. En *Patatrás,* unos bebés ruedan por el suelo aquí y allá, adoptando posiciones divertidas; enormes letras que bailan trazan las onomatopeyas: "¡Bum, patatrás!" ¿Qué adulto normal podría contar esta historia sin hacer el mínimo gesto? Por el contrario, al niño pueden gustarle textos compactos, con pocas ilustraciones, como el libro de cantilenas *Pin, pin nicaille*, donde encontramos al "rey de las mariposas" quien "al rasurarse, se cortó la barbilla". Un niño puede también escuchar a cierta distancia, sentado, muy erguido y digno.

¡Sin dudarlo, pongamos los primeros cuentos maravillosos, las cantilenas y los primeros álbumes junto con los ositos de peluche, entre las tempranas experiencias que van a generar la creatividad futura del individuo!

**La angustia de la separación**

Durante el transcurso del segundo semestre de vida, el bebé hará un descubrimiento extraordinario: su mamá, –quien él creyó que estaba enteramente a su servicio, como si estuviera fusionada con él– existe fuera de los cuidados que le procura. Es una persona que puede separarse de él, regresar, hacerse esperar, interesarse por los demás, en resumen, tener una vida personal. En esta misma corriente surgirán pensamientos contradictorios que darán lugar a una serie de conflictos que el bebé tratará de resolver. Si su madre es un ser aparte, él la puede reencontrar con alegría, pero también puede perderla, esperarla con ansiedad, sentir la incertidumbre de su retorno. De la misma manera que lo hace con él, una vez lejos, la madre puede tener gestos de ternura con otras personas, desconocidos, extraños y quién sabe, ¡quizá hasta su padre y su madre tienen encuentros que no lo incluyen a él! Nada volverá a ser como antes cuando el niño creía que todo era suyo. Tan pronto como construyó un paraíso lo perdió, y sueña con recobrarlo.

Al final del primer año todo está listo en el mundo interpersonal del bebé para afrontar la complejidad de las situaciones futuras. Las angustias del momento de la separación, los llantos nocturnos, los miedos frente a desconocidos, son señales que muestran a los adultos las angustiantes preguntas que el menor se hace. Pero ahora ya no se deja abatir y compensa su malestar y su impotencia con un verdadero placer psíquico, utilizando plenamente sus posibilidades de descubrimiento y de representación. Comienza a jugar tirando y recuperando los objetos que lo rodean, se alegra de verdad y también de verdad se entristece. Es la famosa descripción del "juego de la bobina" que Freud observó en su nieto cuando éste jugaba solo en ausencia de su madre, y decía *fort/da,* "lejos/aquí". El niño puede oponerse ferozmente y después reírse a carcajadas. Construye sus primeros intercambios de lenguaje, utiliza palabras para hacerse comprender pues se ha vuelto una persona cuya curiosidad habrá que satisfacer de ahora en adelante.

Con preocupación o sin ella, el niño examina los nuevos rostros y manifiesta su inseguridad refugiándose en su madre. En ciertos momentos, su hostilidad se fija contra su padre, vivenciado como un intruso. O bien, tiene una mínima reacción al examinar una y otra vez dos rostros diferentes, tranquilizándose al regresar al rostro de su madre, acurrucado contra ella.

Para ciertos adultos es difícil entender el placer que experimentan los bebés cuando personas diferentes les cuentan la misma historia o cantilena, de un libro que unos y otros retoman de idéntica manera. La repetición de una historia conocida, su permanencia frente a la discontinuidad de las relaciones, toma un gran valor porque es previsible. Es una experiencia placentera y estable en este periodo de grandes cambios.

Es la época de la narración de cuentos, de las canciones de cuna cantadas a un niño angustiado para tranquilizarlo, para dormirlo y permitirle así abordar sin demasiada preocupación el largo trayecto que seguirá para llegar a separarse de aquellos que lo cuidan.

Para calmarlo, jugamos con él a escondernos, juego que él pedirá sin cesar y que él reproduce con objetos. Ahora que es un pequeño personaje, el niño empieza a darse cuenta del poder que tiene sobre las personas que lo rodean. Pero nuestro conquistador está en el clímax de la ansiedad. ¿Se derrumbará de repente su novísimo poder? Ya vimos que su espíritu es un tanto inestable y que aún no siente seguridad para el mañana. Su pensamiento, todavía dependiente, sigue siendo impulsivo y no contempla el futuro, que para él es el día siguiente. Con frecuencia, los momentos vividos con mayor angustia por los nenes son el inevitable momento de ir a dormir y la separación durante el día. Por eso, la estancia del bebé en la guardería, entre los ocho y catorce meses, no siempre transcurre de manera apacible.

Las manifestaciones de angustia frente a la separación no son signos negativos en un niño. Al contrario, se trata de un pasaje necesario. El adulto debe estar atento, acompañar al niño en sus miedos, cuidando siempre de tranquilizarlo. Si bien es positivo decirle al niño que nos vamos, informarle a dónde vamos y asegurar que regresaremos, los grandes discursos explicativos con frecuencia no funcionan; hemos de constatar que al niño le tomará todavía bastante tiempo comprender y aceptar que la ausencia no significa abandono.

En esa etapa los primeros relatos cortos tienen como tema central la pérdida o la ausencia de un objeto o de un animal. A condición de que la situación en el libro esté suficientemente alejada de su realidad, el niño puede jugar con la transposición de su propia angustia. Una historia que pone en escena a animales no está directamente confrontada con el miedo real de perder a su madre, sino que lo aborda con un desplazamiento que le permite triunfar mejor sobre él.

Así sucede en la historia de *Cua Cua*. Una mamá pato tuvo que dejar solo a su bebé para alejar al zorro malo. Cua Cua huye entre la hierba y se encuentra con diferentes personajes: "¿Tú eres mi mamá? –No, responde la gallina amarilla al patito amarillo, tu mamá es blanca." Una pequeñita llamada Sofia comenta a cada página: "No–máá, No–máá" ("No es su mamá.") Un gordo de mejillas rozagantes interviene un poco preocupado: "Iii–mamá" ("Sí, sí, es su mamá"). Va dando vuelta a las páginas en sentido contrario para tranquilizarse al ver a la mamá pato en su nido. El libro deberá ser leído y releído, el encuentro con la mamá pato será repetido muchas veces. ¡En una ocasión, la narradora tuvo que leerlo al pequeño grupo de niños catorce veces seguidas!

La fidelidad al texto es la garantía de la permanencia; el niño podrá asociar a esa permanencia de la historia, el recuerdo del o de la narradora y así tranquilizarse.

*Buenas noches luna* es el álbum que había calmado a la pequeña pakistaní tan triste que mencionamos más arriba: una abuela conejo para dormir a su pequeño mientras cae la noche, va nombrando todos los objetos de la habitación: "Buenas noches, peine", "buenas noches vaca", la vaca saltarina del cuadro... El texto y el escenario son muy poéticos, los leños en la chimenea arden dulcemente. Todo está en su lugar. Todo estará allí mañana. Y la historia también podrá ser pedida siempre con las mismas palabras y los mismos colores.

Los niños se aficionan al pequeño héroe de alguna serie. Volver a encontrar al héroe acentúa la permanencia del libro. La serie de *Pequeño osito pardo* es muy conocida, los libros de *Arthur*, pequeños álbumes llenos de humor, relatan situaciones cotidianas. Cuando Arturo se viste al revés, todos sonreímos ante sus poses cómicas.

Los primeros temores relacionados con el abandono, con el rechazo, prefiguran lo que se convertirá más tarde en la angustia ante la muerte, ante la pérdida del amor de los seres queridos, sobre todo de los padres, en el momento en el cual el niño aspirará a ser grande e independiente. Nada puede evitarle esta confrontación interior con su destino. Los adultos, queriendo proteger a veces a sus hijos, evitan los pasajes más angustiantes, arreglan la historia contando cosas tranquilizadoras. Es posponer inútilmente un momento ineludible. La historia no crea la angustia, por el contrario, permite jugar juntos con el miedo y así superarlo. Volveremos más adelante a hablar del gusto de los pequeños por las historias horribles.

## Jugando a escondernos

¿Quién no ha jugado a esconderse? El adulto o a veces el bebé esconde una mano o un caramelo bajo la sábana, se esconde él mismo detrás de una puerta y hace reaparecer el objeto escondido, el mismo objeto, claro. Nada demuestra mejor el placer que le produce al bebé ese juego de repetición y la alegría inagotable que le proporciona este tipo de pasatiempos. Su miedo a la desaparición y el encontrarse de nuevo con un ser o una cosa, recrean la situación de pérdida que está tratando de dominar. Se convierte en el autor de la acción y puede controlarla a voluntad. Darse miedo no tiene nada de trágico, sobre todo si la permanencia del placer está garantizada por la solución prevista. Por este medio el niño recrea y domina los momentos de angustia que encontrará inevitablemente.

El juego de esconderse aparece en la historia, o en la manipulación de libros "animados" donde se puede jugar a descubrir los objetos o los personajes escondidos por medio de lengüetas de cartón. Los más pequeños lo descubren en libros ya más complejos para los más grandes; por su parte, los grandes no desdeñan los primeros libros sobre el tema, destinados a los bebés. Recordemos a *Spot el perrito* quien descubre en su paseo los animales o los objetos disimulados en un escondrijo. El niño descubrirá por sí mismo las "burbujas" del texto, en las cuales el animal emite su grito en bonitas letras cursivas.

En *¡Hola, aquí estoy!*, dos manos rosas forman una pantalla a cada página y detrás de ellas se puede descubrir un animal fantástico. Citemos de nuevo el divertidísimo *Escondámonos puerquitos*. Unos treinta cerditos –color rosa bombón y aspecto de *gentlemen*– juegan a esconderse en una enorme casa. El texto es lacónico y las imágenes están llenas de trazos burlones; los escondrijos sólo pueden disimular a los cerditos a medias, y su glotonería los perderá.

## El gusto por las "historias horribles"

Con la aparición del lenguaje, los pensamientos del niño pequeño van a volverse más construidos, menos accidentados, puesto que están ligados entre ellos. La anticipación se vuelve posible, los lazos entre pasado, presente y futuro se establecen.

Ya dijimos que la palabra "no" es la primera que el niño enuncia con su sentido pleno, y que, además, no será después modificada. Con la palabra "no" expresa en primer lugar su rechazo a la comida y se niega también a ir a la bacinilla u orinal. Luego llegan los comportamientos de oposición más elaborados y más complejos: *Su majestad el bebé* descubre que puede dominar a las personas que lo rodean y no se priva de ello: se vuelve caprichoso, colérico y pone a prueba a sus padres. Al mismo tiempo, experimenta el temor de que la situación se revierta y de que haya una respuesta a sus manifestaciones de oposición, según la ley del talión, ojo por ojo y diente por diente puesto que sus capacidades para imaginar una reacción matizada por parte de los otros son limitadas.

Así, el niño comienza su camino hacia la independencia, en principio afirmándose con llantos y rabietas y por el deseo de dominar, es decir, a través de "malos sentimientos". La personalidad se afirma en un primer momento por medio de la cólera y las oposiciones. Esta etapa será generalmente olvidada después por los adultos. Y aun cuando digamos con frecuencia al bebé "¡Niño malo!", estos aspectos de la relación padres–hijo se recuerdan poco. Las fuertes oposiciones y los enojos intensos son aceptadas como afirmaciones de buen augurio. Si son recibidas con suficiente buen humor por las personas de su entorno, estas reacciones excesivas –con frecuencia más marcadas en los varones–, pueden además producir los mejores caracteres. Permitir que las oposiciones se manifiesten a fondo –evitando evidentemente dejar al niño hundirse demasiado tiempo en su llanto y en su angustia– forja mucho mejor el carácter que cortar demasiado pronto los intentos de oposición.

Es divertido poner en relación estas primeras cóleras del bebé y ciertos intercambios verbales que las preceden. En los intercambios íntimos, quienes rodean al bebé –sobre todo la madre– emplean "nombres falsamente negativos",[19] de animales más bien repugnantes, injurias afectuosas: "sapo", "monstruo", "lobo", "puerquito", "te voy a comer", "te echaré a la basura", etc. En esos juegos de lenguaje, la madre, ¿no estará anticipando ya el momento en el que el niño va a experimentar sus primeros pensamientos posesivos, dominadores y destructivos, y a temer que éstos le sean revertidos? Este tipo de amabilidades puede surgir también más tarde, en momentos de tensión extrema. Escuchemos lo que las madres dicen a un niño que se agita en el reducido espacio de un vagón de tren: "¡Te voy a dejar en la próxima estación! ¡Nunca más iré de vacaciones contigo!" Estos comentarios les son absolutamente indiferentes a los pequeños, porque saben que su madre no hará nada de esto.

La edad de la angustia de la separación es también la edad de los terrores nocturnos que surgen cuando salen los dientes, intensos dolores que el bebé asocia igualmente con

[19] J. Rabain-Jamin, "Interactions sociales précoces et contexte culturel", *op. cit.*

la primera conciencia de su agresividad. En cuanto el niño llegue a expresarse, comunicará que sueña con criaturas de enormes dientes que quieren devorarlo y esto es un eco de sus propias "maldades". En sus sueños nocturnos y en sus ensueños diurnos, el niño pequeño es incapaz de imaginar que las reacciones de los demás sean muy diferentes de las suyas. Él le presta a las criaturas de sueño sus propios impulsos, su mal humor, sus primeras cóleras de impotencia, sus deseos de morder, de ser el más fuerte, y de esta forma arroja estos impulsos fuera de él mismo. Al exteriorizar sus propios sentimientos agresivos se siente aliviado. Las criaturas de sus sueños nocturnos siguen habitándolo durante el día, y si puede jugar con situaciones en las cuales un héroe valiente y gentil se opone a los malos y triunfa sobre todos los peligros, estará más tranquilo. He aquí por qué este tipo de historias es tan solicitado regularmente por los niños, a partir del momento en el cual comienzan a afirmarse, aunque no sean suficientemente hábiles para expresarse con palabras.

El álbum *Donde viven los monstruos* se ha convertido en un modelo clásico. Max se puso su traje de lobo… e hizo travesuras… "Eres un monstruo, le dice su madre. – Te voy a comer", dice Max. Y lo mandan a la cama, sin cenar. Entonces sueña con monstruos horribles. Se vuelve su rey. Baila con ellos. "Que comiencen los festejos." Y de repente, le vienen unas ganas terribles de que alguien lo ame. "¡Por favor no te vayas, te comeremos, en verdad te queremos!", gritan los monstruos. –"¡No!" responde Max. Y toma de vuelta su barco, navega y llega a su habitación cuarto donde encuentra su cena que lo espera y que "aún está caliente".

La visión del poder total del niño, proyectado en criaturas horribles y malas dentro de un sueño, se mezcla sutilmente con un regaño cotidiano; el juego entre la angustia del rechazo y el amparo de una casa acogedora, tiene valor de modelo universal. El enano siempre será más fuerte que el gigante. El niño reclama sin tregua historias de ogros, de osos y de grandes lobos hambrientos y feroces, que finalmente serán vencidos. Se deleita con la crueldad más grande, lo cual le permite relacionar el juego del relato con su propia vida interior. El final feliz de la historia, la victoria de los buenos sentimientos, le aportan la certidumbre de que, aunque haga estallar su cólera, sus impulsos más destructivos no aniquilarán a los seres protectores con los cuales puede contar.

A partir del momento en que puede ponerse de pie, el niño explora su territorio y desafía las prohibiciones. Tiene gran talento de actor, le encanta ensuciar, hacer "cochinadas" y, como todos sabemos, cuando tiene esa edad, ¡no hay que meterse en una batalla perdida de antemano! Quienes lo rodean deberán pasar por negociaciones y el humor es entonces un gran aliado del nene y de sus padres. Muy apreciados serán entonces los libros de la serie de *Carolina Tremolina* y otros sucios "embarradores" como *Porculus,* que describe la pasión sensual por el lodo de un puerquito audaz que ha escapado de casa huyendo de una limpieza general. "Eres el cochinito más lindo del mundo", repiten sin cesar el granjero y la granjera a lo largo de su búsqueda del puerquito amado que huyó a la gran ciudad y ¡a quien podrán encontrar después de muchas aventuras!

## Historias que dan miedo

Como ya vimos, ciertos padres sienten la tentación de suprimir pasajes que les parecen perturbadores o duros. Es evidente que los temas demasiado violentos o groseros con textos e ilustraciones mediocres, deben evitarse. De nuevo aquí es importante no imponer nada y respetar lo que los bebés eligen y que con frecuencia revela un criterio acertado.

Por el contrario, se han puesto de moda recientemente las historias "horribles": durante un curso, una joven educadora explica que siempre cuenta historias de brujas, lo cual provoca justamente la reprobación de los demás participantes. Si a los niños les gustan las emociones fuertes, también aprecian las historias tiernas y dulces, a condición de que haya algunos pasajes donde se pueda percibir el vasto mundo y sus peligros. Como los cuentos de animalitos del campo y la ciudad de Beatrix Potter. Aun dentro de este universo tan tierno, la mamá conejo advierte: el cazador quería hacer un buen paté con papá conejo.

En el otro extremo, si queremos evitar sistemáticamente los temas de agresión o de deseos destructores en los cuales el niño no tendría la posibilidad de jugar y de reír con esos pensamientos angustiantes, corremos el riesgo de volverlo más vulnerable.

Pasa lo mismo cuando queremos proteger demasiado a un niño del pensamiento de la muerte o de ciertos sentimientos negativos. Los padres de una pequeñita, tenían miedo de impresionarla, se saltaban siempre la palabra "muerte" cuando le leían y nunca quisieron hablar del tema, prohibiéndole los juegos donde se mata a los demás y donde luego se resucita. Cuando entró a la escuela maternal, los otros niños la iniciaron gustosamente: entonces atravesó por una fase de angustia prolongada que por fortuna pudo superar después, en la cual hablaba de la muerte a propósito de todo; el pollo en la mesa "¡Está muerto!", los agujeros hechos por una pala "son para los muertos"... Toda situación cotidiana se veía así contaminada.

Otro niño empezó a manifestar una auténtica fobia a los relatos de escenas crueles de sus libros preferidos; sólo con mucho esfuerzo contará más tarde que ha sido implicado en una escena penosa donde un adulto acusó cruelmente a un grupo de niños de haber dejado morir a un pájaro caído del nido. El adulto había decidido tirarlo a la basura sin enterrarlo, puesto que los niños habían sido tan negligentes. ¡Es evidente que el libro no es un remedio para todos los males!

Este pequeño trauma ameritaba un consuelo verdadero, y escuchar cuentos no fue suficiente.

Muy a menudo, los adultos se molestan con el gusto de los niños pequeños por esas historias que ponen en escena rabia, avidez, crueldad o suciedad. A veces atribuyen a algunas imágenes y a ciertas historias un aspecto terrorífico que no corresponde para nada con las reacciones de los niños. Algunos, por ejemplo, encuentran demasiado angustiante o demasiado feo el libro de Maurice Sendak *Donde viven los monstruos*, cuando en general estos personajes son para los pequeños lectores representaciones tal vez inquietantes, pero cuya comicidad y debilidad pueden percibir perfectamente. Como Max, ellos serían perfectamente capaces de domar a los monstruos, controlar el peligro que representan. De hecho, la frontera entre criaturas de ficción y seres reales es muy fluctuante. Una niñita exclamó durante una sesión de lectura: "¡Yo vi un dragón, con mi papá!" No intentamos disuadirla ni privarla del placer de contarnos a su vez una historia tan bonita.

El niño se espanta más profundamente al escuchar un texto en el cual el héroe se escapa, se pierde o cuando la luna en el cielo negro de la noche despierta en él los miedos del sueño. Pero si quitáramos tales elementos de las historias, no quedaría gran cosa, pues el vasto mundo de los cuentos está lleno de amenazas.

**Miedo, humor y fantasía**

Nadie se sorprende cuando un bebé que apenas empieza a hablar pone en escena un elaborado guión para hacer sonreír a una persona cercana que está a punto de enojarse con él, y ganar así la partida. Entonces, ¿porqué nos sorprende que los bebés sean capaces de captar los matices en el tono, en el sentido y en los significados que se encuentran en un libro?

El gato Mog, muy divertido y muy inglés, gusta mucho a los niños pequeños que son capaces de organizar ese tipo de escenas cómicas. Mog, el compañero de juegos de Nicky, está resfriado y debe quedarse en casa. Hay muchas escenas graciosas en esta historia. Por ejemplo, un día, la vecina lleva a su bebé con la señora Thomas, la mamá de Nicky: "Muy bien –dice ésta–, a Mog le gustan mucho los bebés." Pero el gato Mog no comparte su opinión, ¡sobre todo cuando el bebé se apodera de su pescado y luego le agarra la cola! Entonces Mog corre hacia afuera y atraviesa la calle, el bebé lo sigue, no ve al señor Thomas que llega en su auto: ¡Qué desgracia! ¿Qué pasará? El gato Mog, perseguido por un enorme perro, se precipita delante del auto que frena de golpe, y todo mundo está a salvo. Mog, el "salvador de bebés", tendrá su recompensa: toda la familia lo lleva al mercado a comprar un gran pescado.

Los niños se interesan de manera particular en las relaciones entre situaciones concretas y una idea abstracta. Así, en *Osito, aún no duermes* el miedo a la noche no es un miedo concreto: el temor a lo desconocido, al vacío, a la oscuridad no puede reducirse al hecho real de que haya o no luz, puesto que la angustia se vive como un sentimiento interior. Los niños presencian el miedo del osito, a quien el papá oso, primero distraído, un poco molesto y finalmente cada vez más atento trata de calmar con mucho trabajo. El miedo a la oscuridad es un temor abstracto, el papá oso no lo entiende enseguida pues enciende las lámparas, abre las puertas para que entre luz hasta que termina por captar la verdadera naturaleza de la angustia del osito. Para tranquilizarlo, lo lleva tiernamente en sus brazos fuera de la casa, le muestra la inmensa noche y le cuenta un cuento maravilloso bajo la luna.

El trazo del dibujo expresa finamente las variaciones en la angustia del pequeño y en la impotencia del padre. Vemos al papá oso pasar progresivamente del desinterés a la atención ineficaz para terminar con la ternura que triunfa sobre el miedo. Un nene, cautivado por esta historia, sorprende a los asistentes a la sesión con sus mímicas, porque su cara imita exactamente a la del osito al expresar el miedo, la duda y la calma frente a la angustia vencida. Como con sus juguetes, el niño confiere sentido a situaciones vividas por un animal o por un personaje. Reconoce y busca a su héroe preferido, sea el Pequeño Osito Pardo, Max, el conejo mal vestido o Arthur el gordito... Es muy raro que afirme su elección con comentarios inmediatos, pero, por ejemplo, el bebé puede retomar un libro que alguien le contó otro día y leerlo a su manera, con su parloteo y a un ritmo en el cual las secuencias de la historia son fácilmente reconocibles.

Durante el tiempo de lectura y de juegos con relatos y álbumes es importante no olvidar que un niño progresa tanto durante los momentos en los cuales casi no pone atención al adulto como cuando reclama esa atención. La psique del bebé se construye en gran parte con esta manera de ser y de pensar que mezcla la relación y el ensueño. D.W. Winnicott demostró la importancia de esos momentos, a veces muy prolongados en los cuales el niño construye su mundo por cuenta propia, con breves interrupciones para asegurarse de la proximidad de una presencia cálida y atenta. Se trata de una verdadera apropiación en la cual todo aquello que rodea al niño –comentarios, intercambios, relatos– no es sino un soporte, ciertamente esencial para propiciar la invención personal. No puede surgir la independencia sin esta manera particular de apoderarse de todo lo que recibe y de hacerlo suyo. Winnicott propuso una célebre sentencia que resume esta paradoja del depender para mejor independizarse; habla pues de *la capacidad de evolucionar solo, en presencia de la madre.*[20]

## Las identificaciones

Subrayemos de nuevo que la capacidad de jugar con una situación angustiante y el interés por un lindo cuento se establecen mejor, por regla general, cuando se trata de personajes completamente ficticios. Las invenciones de los niños son más atrevidas, su imaginación más desenfrenada. Imaginan entonces múltiples situaciones a la vez

[20] D.W. Winnicott, "La capacité d'être seul", en *De la pédiatrie a la psychanalise*, París, Payot, 1969 (trad. en español: "La capacidad para estar solo", en *Escritos de pediatría y psiconálisis*, Paidós, Barcelona, 1999).

cercanas y suficientemente alejadas para lo que sienten. Al contrario, con personajes que se parecen a los padres reales, los niños restringen sus comentarios.

Cuando un niño dibuja a una familia como la suya con frecuencia se limita a describir el dibujo y a hacer un breve comentario: "Es el papá, va al trabajo." No le es fácil prestar a una representación tan cercana de su verdadero papá, sentimientos o actos excesivos que no se siente autorizado a atribuirle. Si dibujara una familia de la nobleza, propondría más fácilmente todo tipo de aventuras. La ficción aparece como algo indispensable para que el niño proyecte sus sentimientos sobre diferentes situaciones por él imaginadas.

A través de sus héroes, el bebé, varón o nena, puede ya comenzar a atribuirse roles y, por este medio, a revivir sus matices afectivos. Por la mediación de un animal, todas las fantasías de la imaginación están permitidas. Un animal muy pequeño, como Mickey Mouse, triunfa sobre los peores peligros. O bien, en la historia de John, *Rosa y el Gato,* John, un viejo perro amado y celoso fastidia a su dueña, la viejita que tantas ganas tenía de adoptar un gatito demasiado lindo. Cuando el niño se encuentra dentro de una historia como ésta se divierte, mientras que en otras circunstancias conocemos la gravedad que los celos pueden revestir. André, de veinte meses, comenta la historia de un patito que está cerca de un estanque y que le tiene miedo al agua: "El patito tiene miedo del agua, no le gusta tomar duchas; el jabón pica los ojos y el patito llora." Se distancia así de lo cotidiano creando un juego dentro del juego, una situación imaginaria.

Una nenita comenta el libro de imágenes *Bañando al perro,* donde un enorme perro se sacude. "Con mi papá yo vi un perrote, era grande grande..." La continuación se vuelve confusa, las palabras se enredan. Comprendemos fácilmente que está evocando el miedo que le dan los perros grandes. Perturbada, trata de atraer la atención, sin éxito; discretamente intenta que la lectora la tranquilice y al fin retoma el hilo de la historia. Esta nenita, confrontada al objeto de su fobia, cuenta el relato ella misma, convertida a su vez en narradora, y propone a su auditorio un terror similar al que ella misma sintió. En estas historias que dan miedo, el niño se ve en alternancia en el lugar de la víctima y del agresor. Y aun cuando el libro le relate cosas terribles, tiene a su alcance toda una gama de medios para dominar lo que siente y para servirse del juego imaginario inducido por el texto. Si la ficción no es suficiente, puede actuar la historia en el grupo con los otros niños, o bien fingir atacar las imágenes, o hasta contar sus miedos al adulto como lo acabamos de ver.

Al leer *Toc toc, ¿quién es?*, en el cual un ser bípedo similar a King Kong surge tras la puerta, los niños varones juegan a asustar a las nenas y se hacen los fortachones inflando sus bíceps. Los monstruos del sueño de Max en *Donde viven los monstruos* provocan alegres bullicios. Niñas y niños "miran con ojos centelleantes y muestran sus terribles garras", con grandes gestos y riendo a carcajadas, hasta calmarse con la continuación de la historia. Muy pronto, los más temerosos se contagian y descubren a su vez que los monstruos también los hacen reír, puesto que son menos fuertes que Max.

Llevar al niño a vivir grandes y hermosas aventuras de héroes imaginarios no es desviarlo de las realidades prácticas, como algunos adultos creen. Al contrario, para dominar nuevas situaciones, el niño pequeño primero debe representárselas y jugar con ellas de todas las maneras posibles. Mientras la situación se preste más al juego, mientras más lejana esté de lo concreto, al niño le será más fácil imaginar digresiones divertidas que lo tranquilicen.

Si la persona que relata la historia modera los temores de los niños con su presencia, también permite identificaciones inesperadas. Una niñita va regularmente a las sesiones de animación con los libros. Al principio, asiente a todas las historias repitiendo "¡Sí, sí, sí!" Es una nena muy tranquila, demasiado dócil, que deja que los otros escojan los libros y adopta sin protesta la selección hecha por sus compañeros. Un día le dice a la animadora "Hoy yo leo y tú dices sí." La nena se pone a leer a su manera los libros y la animadora dice "¡Sí, sí, sí!" prestándose al juego. Alejándose de sus anteriores inhibiciones, empieza a comentar los libros diciendo en todo momento "Caca, es caca". Los colores oscuros, las sombras sobre todo, son para ella "caca". La sombra de *Lulu* en la portada: "caca". Se vuelve loca por ese libro, lo pide siempre y luego inventa ella misma toda una historia fantasiosa: "Lulu hizo caca, entonces lo regañaron." A partir de entonces su comportamiento se afirma, quizá demasiado. Después de un periodo prolongado en el cual no expresaba suficientemente sus propias elecciones, se vuelve opositora. Su mamá lo confirma riendo, a decir verdad poco preocupada. Durante el periodo durante el cual decía "sí, sí" era como si asimilara todo lo que escuchaba, como si absorbiera todos los personajes de manera pasiva. Después, cuando se vuelve dueña del juego por una situación revertida, toma el lugar del adulto, manda y ordena. Al identificarse con un adulto que imaginaba severo pudo dar curso a sus fantasías y así llegar a una autonomía y a un dominio de su carácter.

**En el camino de la lectura**

El autor del libro, el o los narradores presentes en la historia misma, constituyen el acompañamiento para que el niño se apropie de la capacidad de dominar los relatos y el mundo. Esto es válido para todas las edades, ya sea para aquellos que aún no saben leer como para los que se expresan sólo en un idioma extranjero. Al principio, para el bebé la palabra de la persona que narra y el relato en el libro son percibidos globalmente. "¿Nos conocemos? ¿Dónde te he visto antes?", pregunta la animadora a una nena de dos años y medio, ausente del Bebé Club desde hace algunas semanas. "Ahí", responde ella mostrando con su dedito el montón de libros en la caja. Amalgama así a la persona que narra, su actividad de lectora y los libros.

El niño entiende poco a poco que los libros tienen autores. Entonces hace preguntas sobre el nombre escrito en la portada: "¿Quién es?" Se está informando, lo retiene, repite: "Es el que escribió, el que dibujó." Muy pronto tendrá sus autores preferidos.

El bebé atraviesa etapas que le permiten poner distancia entre la presencia física de alguien familiar y el texto leído. El autor, el o los narradores, muy distintos de los héroes de la historia, son en un principio personajes impalpables. Pasar por movimientos de apropiación y de distanciamiento gracias a estos personajes que sirven de intermediarios permite adquirir la aptitud para contar algo alejado de su experiencia vital, suficientemente bien construido para que los demás lo entiendan. Sólo entonces el niño puede, a su vez, leer y escribir un texto que tendrá un sentido para él mismo y para otros. Cuando los textos se vuelven más largos, hay toda clase de personajes interesantes: los que narran la historia total o parcialmente, los que no saben para nada el riesgo que corren, los que fueron prevenidos del peligro, niños, adultos o seres extraordinarios. Algunos de estos personajes presentan la particularidad de conocer los eventos mucho antes que el héroe, quien por su parte no sabe nada de la aventura en la cual se está precipitando. La identificación con los protagonistas de la acción produce entonces un efecto poderoso porque el que está escuchando conoce lo que sigue. Se trata del mismo tipo de placer que cuando Guiñol[21] pide al público su complicidad y su apoyo para defender a los débiles contra los fuertes.

La persona que relata en voz alta un texto a partir de las palabras o de las imágenes reúne para el niño a todos los personajes de la creación literaria, como lo expresaba con candor la nena que mezclaba los libros con la lectora, quienes seguramente habitaban juntos en la misma casa fabulosa. En ese sentido, el arte del narrador se acerca más al del intérprete de una obra musical o de una simple canción, que al del teatro o al de cualquier otra expresión corporal. Para presentar un texto o un libro no es necesario escenificar un espectáculo; el narrador debe "borrarse" a sí mismo pero también poner de relieve las cualidades del estilo, las sorpresas entre texto e imágenes, la música y la poesía, en total respeto del texto, sin agregar comentarios. Una lectura sin énfasis, en la que simplemente se pone al alcance del niño pequeño el tono del relato, permite a quien lo escucha, mira y piensa, tomarse todo el tiempo para que se elaboren los enlaces de pensamiento frente al texto más simple en apariencia.

[21] Famoso personaje del teatro de títeres que se remonta al siglo XVIII. (N. de T.)

## Con la escuela

El niño puede ahora ingresar a la escuela maternal. Esto significa que tiene la suficiente autonomía e independencia para integrarse en un grupo grande, lejos de sus padres. Él se "socializa" y aquí se encuentra el mayor interés de esta primera escolarización. Esta aptitud se adquiere una vez que el niño ha podido realizar satisfactoriamente el ejercicio interior que consiste en la "capacidad de estar solo, en presencia de su madre", al que me referí anteriormente. Al término de este camino hacia la independencia, pudo construir en sí mismo una presencia que es la percepción interior de una persona cercana, sólida y tranquilizadora, que puede invocar interiormente en todo momento cuando está triste o si desea compartir un gran placer.

Evidentemente, esta fuerza y este equilibrio interiores no son permanentes: cuando las penas o las alegrías son demasiado grandes, las esperas y las frustraciones demasiado importantes, el deseo de la presencia real de alguno de sus padres se vuelve imperioso para luchar contra el vacío de la ausencia. Sólo recordemos la angustia y los llantos contagiosos al llegar a la escuela maternal y la impaciencia de los pequeños escolares a la "hora de las mamás", el momento de la salida. Si todo va bien en la clase, en cuanto los padres desaparecen, el niño separado de su medio familiar se tranquiliza rápidamente porque tiene la íntima convicción de que su maestro o su maestra están tan atentos a él como sus propios padres. Esta ilusión, construida en el seno de la familia, le sirve de apoyo cada vez que se siente muy solo.

En ciertos casos, demasiado frecuentes, la entrada a la escuela se hace sin haber esperado el momento oportuno. Además, el tiempo pasado dentro de la clase o en el centro de recreo sin la presencia de alguien de su entorno, es con frecuencia demasiado largo para que el niño pueda soportarlo sin volverse revoltoso o demasiado dócil. Estas situaciones no son fáciles de resolver porque la escolarización sigue siendo la mejor solución para muchos niños muy pequeños que encuentran en la escuela un servicio organizado y profesionales competentes y bien formados.

En Francia, uno de cada tres niños va a la escuela maternal entre los dos y los tres años. En las regiones económicamente desfavorecidas, donde no existen muchos servicios para la primera infancia, la proporción es mayor. Para muchos niños la escuela es benéfica, pero ¿cuántos de ellos son todavía vulnerables, poco equipados para una vida colectiva donde deben renunciar a una atención individual suficientemente prolongada?

Por desgracia, algunos se quedarán en el camino. Aun cuando el aprendizaje no esté comprometido, educadores y maestros deberán realizar más tarde verdaderas proezas para poder aportarles una preparación cultural suficiente.

Lo que se descuida en muchos de esos pequeños alumnos, sobre todo en aquellos cuyas familias sufren carencias materiales en la vida cotidiana, es su necesidad fundamental de tiempo y de espacio de libertad. Necesitan momentos donde no se los obligue a presentar pruebas de nada ni a competir con otros niños, exigencias inherentes a una comunidad de niños de la misma edad, cualquiera que sea la capacidad o la orientación de sus maestros.

En este contexto, la asociación ACCES propuso como acción privilegiada el extender los lugares y los momentos de lectura despojándolos de toda intención de aprendizaje inmediato. Es también, y esto es fundamental, una manera de introducir al libro en los medios desfavorecidos y de prevenir las dificultades.

"Muchos niños entran felices a la primaria porque van a aprender a leer, pero algunos experimentarán la dura experiencia del fracaso frente a la escritura (...)", dice René Diatkine. Muy pronto el grupo se divide en dos y los que fracasan se sienten excluidos: no se "concentran", son "inquietos"; adquieren una antipatía durable hacia lo que se enseña y un gran desprecio hacia el "buen alumno". ¿Cómo evitar la inestabilidad y la violencia como medios para dominarse a sí mismos y al entorno? Conocemos la potencia de un relato. Leer historias desde la más temprana edad es probablemente el mejor acercamiento pedagógico a la lectura. Y, concluye René Diatkine: "No creo que puedan interesarse en el solfeo niños que jamás hayan descubierto la música."[22] Algo similar pensaba un inspector de primaria que me dijo un día con cierto humor: "¡Pero cómo no! ¡Si se enseñaba a nadar a los niños sobre una silla y apoyándose en las imágenes de un manual!"

Los proyectos actuales de la escuela corresponden a muy buenos principios. En Francia, la adquisición del lenguaje escrito se hace durante tres años, en un ciclo intermedio entre la escuela maternal y los dos primeros años de la pri-

[22] R. Diatkine, entrevista en *Lettre de l'I.D.E.F.* (Carta de la IDEF), diciembre 1987.

maria. Esa idea puede producir mejores resultados si, en lo que se refiere a la escritura, el último año de preescolar no se transforma en seudo–primaria. Algunos niños aprenden a leer antes de los seis años. No es necesario hacer con ellos otra cosa que este acercamiento primordial a lo escrito. Otros niños necesitan un tiempo más largo, y hay que respetar su ritmo. Si además en el inicio de la primaria no se les clasifica inmediatamente como buenos y malos alumnos, se conserva la posibilidad de un mejor trabajo psíquico para aquellos cuyas adquisiciones son más lentas. La precocidad no significa que el niño sea más inteligente ni que será más talentoso en su idioma, aun cuando esta idea está muy difundida entre los padres. En los años que seguirán, la elección entre tal o tal método pedagógico pierde importancia si el placer de leer sigue siendo estimulado por los adultos "lectores", de tal manera que ningún niño salga humillado de este primer ciclo.

Pero, ¿por qué limitarse a la escuela? Nos pareció evidente preconizar una diversificación de los lugares donde las mejores condiciones de acceso a las vías de la transmisión cultural se ofrezcan al niño y a su círculo familiar. Una de esas vías la constituyen los libros, la literatura. Cuando se piensa en organizar actividades educativas fuera de la escuela para niños pequeños, hemos constatado que se excluyen muy a menudo actividades alrededor de la lectura. El uso de las bibliotecas y de los servicios de préstamo se asocia demasiado a las actividades escolares. Y esto es más notable aun en los medios desfavorecidos.

Durante la visita al domicilio de una familia numerosa y muy pobre, el equipo médico–psicológico que participó, descubrió libros ilustrados para los pequeños que fueron prestados por la PMI. Un adolescente, candidato a la delincuencia, trajo de su escuela los cuentos de Grimm, ¡un libro "de verdad"! Ante a nuestro interés por este hecho lamentablemente excepcional en este medio, el adolescente nos dice ¡que le encargaron "subrayar todos los verbos de una página con lápiz!"

Por otro lado, en un multifamiliar de un suburbio cercano, una asociación en conjunto con la biblioteca municipal organiza animaciones de lectura con préstamo de libros. Según la temporada, la operación se desarrolla en un local o al aire libre. Los niños se agrupan alrededor de bolsas llenas de libros y piden que se los lean. Los más grandes y los adolescentes se quedan a distancia, aparentando estar distraídos en otras cosas, pero escuchando con disimulo estas historias para niños.

El trabajo de la escuela primaria se facilitaría muchísimo si se desarrollara en otros lugares un contacto con los libros, propuesto por personas para quienes al acto de la lectura no está ligado a la evaluación, aun cuando esto sea una prioridad en la escuela. La educación en Francia todavía tiene una calidad satisfactoria. "El nivel sube", constatan Baudelot y Establet[23] en su muy seria y larga encuesta. Si bien la escuela puede ser criticada y mejorada, es quizá porque cada cual la considera como un lugar preciado al que sería inconcebible renunciar.

El discurso sobre la igualdad de oportunidades está casi siempre relacionado sólo con la escuela. Lo que se tendría

[23] C. Baudelot y R. Establet, *Le niveau monte. Réfutation d'une vieille idée sur la prétendue décadence de nos écoles*, Seuil, París, 1989 (trad. en español: *El nivel educativo sube*, Madrid, Morata).

que perfeccionar, más que la escuela misma, serían los tiempos y los lugares fuera de la escuela que seguimos llamando "extra–escolares". Con esta equivalencia: Infancia = Escuela, el libro nos remite al universo de la escolaridad. En respuesta a una encuesta, un niño de un medio desfavorecido decía: "Me gusta la escuela, pero no me gustan las clases." Llevaba ya la marca del rechazo vivido durante su aprendizaje.

La tendencia actual de abrir la escuela a las prácticas culturales es excelente pero sería pernicioso encerrar estas prácticas allí. En el marco de la escolaridad la idea de aprender sigue siendo dominante y está bien que así sea. Los maestros también se llaman "enseñantes" y esta tendencia se extiende inevitablemente sobre todo objeto cultural. El acercamiento a la cultura se encuentra hoy con frecuencia encerrado en lo que las familias y los niños llaman "actividades" organizadas en el marco de un horario preciso. ¿Cómo podemos cambiar esto?

Una mayor utilización de libros en el tiempo libre, sin obligaciones, es una solución para equilibrar esta tendencia.

El libro es el mediador cultural más flexible, y fácil de difundir, pero también es aquel cuyo acceso está más protegido, sacralizado, y numerosos prejuicios tienden a reservarlo al campo de los "herederos" de la cultura. De ahí la necesidad de multiplicar los lugares de intercambio y de sacar los libros de los sitios a los que han sido consagrados, donde los no–lectores nunca se atreven a entrar.

## El "lado oscuro" de las fuentes populares de la creación

En el terreno de la práctica tenemos un ardid: buscamos difundir el libro con los más pequeños para ganarnos al nucleo familiar, a la familia extendida y por fin al grupo social en su conjunto.

Ofrecer la riqueza de la cultura escrita a los más pequeños en presencia de su nucleo familiar nos permite ir al encuentro de las fuentes ignoradas de la cultura.

Hasta los más desfavorecidos poseen su propio "almacén" imaginario, que es casi siempre un secreto bien guardado ante los demás. Hans Christian Andersen pasó su infancia en un asilo para pobres e inválidos pues sus padres eran los porteros; pudo así conocer un conjunto peculiar de experiencias y de crónicas imaginarias. Esta representación teatral interior cuya fachada visible por la sociedad es ciertamente compartida de manera muy desigual, posee riquezas que son el lugar donde se ancla el placer de la lectura.

Los exuberantes diseños de cierto tipo de papel tapiz, los nombres de pila de los niños, tomados de las telenovelas y las fotonovelas, son islas para grandes viajes, motivos para el sueño que ciertamente catalogamos como "mal gusto popular" o "vulgaridad". Si ponemos atención, descubriremos bajo la cubierta opaca de esta aparente incultura una imaginación personal inesperada, genuina, preciosa y útil para quienes la han conquistado. El compartir el placer de la lectura sólo tiene sentido si se toma en consideración y se respeta el universo estético de cada grupo familiar.

Por otro lado, el psicoanálisis nos permitió el reconocimiento de la importancia y del valor de las perturbaciones psíquicas. Forman parte innegable de la cultura y de las creaciones del pensamiento humano. La forma del pensamiento de la psicosis así como la psique del niño pequeño antes de que los pensamientos se puedan expresar con palabras, son puertas de conocimiento a lo que se nos escapa en la conciencia y representan un camino real para el acceso al bullicio abismal de nuestro inconsciente.

Rindamos homenaje al movimiento Dadá, al surrealismo, por haber sido los primeros en restituir con toda legitimidad al arte y a la literatura las creaciones de seres perturbados o de niños, y por habernos brindado una nueva manera de entender el arte de civilizaciones mal llamadas "primitivas". "La poesía está hecha por todos, no por uno", proclamaron los surrealistas citando a Lautréamont.

Aun cuando las desigualdades están marcadas por la violencia y el conflicto, los intercambios culturales existen con o a pesar de nosotros. Sin embargo, es cada vez más grande el abismo entre los polos urbanos que se encuentran en el centro de la vida cultural y las periferias grises de los suburbios y de los campos despoblados. "El odio es interesante", como dicen los jóvenes que se sienten rechazados por la vida activa, lejos de su alcance: ellos encuentran que su existencia cotidiana es sórdida y triste.

Los recursos creativos de cada uno de nosotros no pueden ser destruidos completamente y resurgen en uno u otro momento, bajo formas que sorprenden y que no siempre son reconocidas en su justa dimensión. El acordeón, los graffiti, las novelas policiacas, el recuerdo poético de los paisajes del país natal o el arte de diseñar jardines, así como muchos otros talentos, son testimonio de esto. Pensamos que no es vano hablar de esta disposición creativa: siempre se puede encontrar la poesía de los suburbios o aquella de las *Lindas vacaciones,*[24] las vacaciones pagadas.[25]

Pero tengamos cuidado de no conducir el barco de nuestra cultura a semejanza del personaje de Edgar Poe, el pobre marinero Arthur Gordon Pym, quien no logra enderezar su nave porque no se le ocurre buscar el desperfecto en el contrapeso, mal equilibrado desde el principio. Habiéndose ocupado sólo de los aparejos, con el barco cada vez más inclinado, termina en medio del océano, bogando sobre el casco volteado, con algunos moluscos como única subsistencia.

El libro representa una parte considerable del "contrapeso" cultural. Una acción de lectura, por aislada que sea, una palabra, un gesto, que podríamos considerar inútiles para señalar un libro, pueden tener el efecto más durable, el más extendido.

Como una botella que lanzamos en un mar poblado, el libro puede ser encontrado por cualquier persona, en cualquier lugar.

[24] *Les Belles Vacances*, fotografías de Robert Doisneau, texto de Daniel Pennac, París, Hoëbeke, 2000.

[25] Desde 1936, los trabajadores franceses tienen vacaciones pagadas (N. de la T.)

# Los géneros literarios del bebé

"Yo aún no sabía leer, pero era ya tan snob como para exigir tener *mis propios libros.* Mi abuelo fue entonces con el pillo de su editor e hizo que le regalara los *Cuentos* del poeta Maurice Bouchor, narraciones provenientes del folklore y adaptadas para el público infantil por un hombre que, según él, había conservado su mirada de niño. Sin más demora quise comenzar la ceremonia de apropiación. Tomé los dos pequeños volúmenes, los husmeé, los palpé, los abrí con desenvoltura 'en la página correcta', haciéndolos crujir..."

La literatura infantil tiene una larga historia, pero ¿quién recuerda todavía ese libro citado por Sartre en *Las palabras*?[26] Hoy en día existen muchísimas obras muy variadas que se proponen a los niños en las librerías y en las bibliotecas especializadas. Aquí sólo daremos algunas pistas en cuanto a las preferencias de los más pequeños.

**Las ceremonias de apropiación**

La riqueza y la diversidad de los gustos infantiles, sus elecciones estéticas tan seguras, sorprenden siempre a los adultos. No es necesario que los niños "comprendan" una historia para que ésta les guste: pueden detenerse en una imagen, una melodía, una palabra desconocida o apegarse al libro como objeto. Pueden manifestar interés por mu-

[26] J.P. Sartre, *Las palabras*, Madrid, Losada, 2002.

chos libros que en principio los editores no les habían destinado. Sin embargo, hemos de notar la constancia de su gusto por cierto tipo de historias. Los nenes tienen ya sus géneros literarios preferidos.

Para los más pequeños están en primer lugar los relatos cuya construcción es repetitiva o cuyos elementos se enlazan sin demasiada complejidad. La serie del *Osito pardo* tiene una construcción muy simple, con una trama bien llevada, muy de acuerdo con sus ilustraciones tan expresivas. Se trata de un buen texto, poseedor de una verdadera calidad poética, que seguirá siendo apreciado por mucho tiempo. Por otro lado, *El osito quiere un beso* de Maurice Sendak es también muy escuchado por los bebés de diez a doce meses, aun cuando se trata de un relato con enlaces más elaborados. El héroe tiene múltiples encuentros: cada encuentro se desarrolla en un episodio diferente donde cada personaje aporta su contribución para que el beso llegue a su destinatario.

En este momento de transición entre los primeros libros y las historias más complicadas, el adulto puede apoyarse sobre las obras cuya construcción en texto y en imágenes se acercan a la del cuento *La cacería del oso, Buenas noches luna* o también *Me escaparé.*

"Me escaparé", repite el pequeño Bunny y mamá conejo inventa cada vez una estratagema para encontrarlo.

"Si te conviertes en un pez del río, yo seré pescador, , y te atraparé", dice la mamá.

"Si te vuelves pájaro en un árbol, seré el viento y te atraparé."

La imagen hace soñar. Se pasa del jardín al circo para regresar, por supuesto, al regazo de mamá cerca de la chimenea de la madriguera familiar.

Es interesante ver que la construcción del texto, repetido en forma de cantilena, con secuencias de tres cada vez, encuentra su equivalente en la organización de las páginas. Aquí, en cada secuencia, hay dos páginas con dos dibujos en blanco y negro y el texto; luego, una espectacular doble página en hermosos colores con una breve frase poética. La canción de cuna o la repetición de la historieta en espiral se reencuentra de esta manera en el libro como objeto por medio del texto y de las imágenes. Los pequeños lectores aprecian estos juegos entre luces y sombras, los matices o la vivacidad de los colores que aportan un relieve adicional a las peripecias.

Antes de que el niño pueda acceder a relatos más complejos, habrá que compartir con él muchas y muchas veces este tipo de historias, contadas sin demasiados atajos. Son relatos vivos y animados, suficientemente placenteros como para que la repetición no sea fuente de aburrimiento. De esta manera se instaura en una segunda etapa un placer nuevo con construcciones más elaboradas, capaces de crear suspenso.

## Siempre la misma historia

En su comportamiento con los libros, los niños más pequeños muestran a su manera que para ellos el relato ya contiene el poder de producir un desarrollo de acontecimientos diferente al de la banal vida cotidiana. En el desorden aparente de la manipulación del libro y de las páginas, una observación aguda revela conductas llenas de sentido: al escoger *Babar en familia* de Jean de Brunhoff, un niño va siempre muy rápido a la misma página, en la cual sucede algo inquietante: Arthur, el pillo, acaba de soltar el carrito, y éste se volcó. El bebé elefante cae en el vacío, con un grito desgarrador: "¡Mamáaaaa, Alexandre hizo Bum!" "¡Bum, hizo Alexandre!" Luego, el joven lector regresa con la misma prisa al principio del álbum para detenerse en una página que lo tranquiliza donde la familia del rey Babar está reunida. Después se salta rápidamente las páginas de la pesadilla de Babar, quisiera cerrar el libro, cambia de parecer y busca a la anciana señora en una de las páginas siguientes; ya está curada de la picadura de serpiente; todo está bien otra vez. Y toma de nuevo el libro para hojearlo al revés, y luego en el orden normal. Es una "lectura" que podría parecer incoherente, sin embargo, el niño acciona y ordena según su deseo los elementos más significativos del relato.

Si bien el niño a menudo decide introducir el desorden, el adulto que lee debe respetar la fidelidad al texto, la continuidad de imágenes y palabras tal como se encuentra en el libro. El niño lo exige imperiosamente. Nada es más importante para él que esta permanencia del texto y del desarrollo del relato, garantía de la presencia constante de su universo más cercano.

El niño también quiere que le contemos varias veces la misma historia. Para él, que está siempre en proceso de descubrimiento y cuya experiencia está reorganizándose sin cesar, la capacidad interior de reconstruir para sí mismo la historia es sin duda particularmente fecunda. Y el interés de la repetición y de la reconstrucción de un relato es aún más grande porque el lenguaje no está en ese momento construido definitivamente. Permite el paso de formas primarias del pensamiento a formas secundarias, mismas que se establecerán en el momento de la adquisición completa de la lengua.

El placer de la repetición y de la estabilidad de las historias es en todo caso una observación banal, una evidencia reconocida por todos. Pero no por eso es menos cierto que la historia de *Donde viven los monstruos* no será escuchada de igual manera por un bebé pequeño o uno más grande, si tiene hambre, si está tranquilo o enojado, si su papá está con él o no. El bebé arreglará cada vez la historia en función de sus bonitos sueños o de sus pesadillas, de sus necesidades satisfechas o no, de sus emociones tan rápidamente transformadas dentro de la realidad, y aún más en la efervescencia de su mundo imaginario. Es entonces cuando las formas estables de la historia y del libro constituyen un punto de referencia organizador y placentero.

Algunos padres cuentan historias inventadas por ellos. Esto es inapreciable. Pero por otro lado, cuando el niño les pide de nuevo la misma historia, puede serles difícil reconstruirlas exactamente con las mismas palabras. Es importante para el niño que la historia conserve una forma estable, que los enlaces y el final sean siempre los mismos para que la angustia ligada al miedo de la separación pueda calmarse. El niño no dejará de comentar: "El cuento no era así."

Un pequeño de dos años y medio vive una situación complicada. El primer esposo de su mamá viene seguido a comer a casa para ver a su hijo, medio hermano del pequeño cuyo papá no siempre se encuentra con ellos. Tanto uno como el otro deben contar a su llegada *Lulu* y de paso, todos los demás amigos que llegan a esa casa abierta deben contar el cuento también. Es cierto que es una experiencia rica el percibir las diferentes entonaciones en las voces que le leen el relato de esta sólida amistad revestida de miedos, pesadillas, abandonos y cambios de situación. Pero no siempre es fácil que el círculo familiar esté disponible para este nene. Toda educación se fabrica con negaciones, aceptaciones y negociaciones; no siempre nos podemos divertir. Ni modo, él se lleva el libro bien apretado contra su pecho. Lulu se quedará en un rincón privilegiado de su cuarto.

Igualmente, encontramos que el origen del placer de la repetición sin fin es inherente a la naturaleza del objeto literario. El estudio de las teorías sobre la literatura permite comprender mejor este placer de la repetición, placer tan acentuado como el repetir una y otra vez de idéntica manera la misma actividad con un juguete: cada relectura de un texto literario permite al lector una nueva creación, una nueva historia en función de sus experiencias nuevas y de sus estados de ánimo en ese momento. Nunca leerá de la misma manera, aunque se apoye cada vez en lo inamovible de la obra inicial, en la calidad estética de su forma y de su contenido. Esta reconstrucción, que es en realidad un enriquecimiento, se produce tanto con una obra literaria como con un aria de ópera o con cualquier otra obra de arte. Se puede encontrar así en esta posibilidad un criterio para calificar una literatura de buena: sería aquella que permitiría de la mejor manera la renovación indefinida de esta experiencia. A los quince, veinte, treinta o cuarenta años, la lectura de los grandes clásicos da lugar a interpretaciones y aproximaciones diferentes y esto constituye su riqueza. Sucede lo mismo con las cantilenas y los primeros cuentos.

## El tiempo de la cantilena

Las cantilenas, los juegos de rimas tipo "Aserrín aserrán" tienen una doble utilización: por una parte, son canturreados por los niños más grandes durante sus juegos, cuando se organizan solos, lejos de los adultos; por la otra acompañan los cuidados maternos durante la primera infancia.

Si bien están destinadas a ser enunciadas oralmente y no a ser leídas, las cantilenas, esos pequeños poemas, no pueden separarse de la literatura para bebés. Acompasados o melódicos, contados con los gestos apropiados, son tanto al principio como al final de la primera infancia de una importancia fundamental y no pueden separarse en nuestra época de las historias contadas en los libros.

Las cantilenas que servían en un principio para las rondas, para saltar la cuerda, para jugar con un balón, pasaron de moda y se utilizan actualmente para divertir a los bebés. Se han publicado muchas obras sobre el tema, en particular el hermoso libro *Enfantines,* para los padres de Marie–Claire Bruley y Lya Tournus, y las *Cantilenas de la lengua francesa,* muy completa antología, a los cuales nos referimos ampliamente en esta sección[27].

Estas cantilenas son eminentemente representativas del valor y del poder, demasiado desconocidos, de la primera literatura oral y escrita, transmitida a los bebés desde tiempos inmemoriales para suscitar así el lenguaje y la cultura. Michel Defourny[28] nos muestra más adelante la cercanía de los contenidos de este género con los temas de los mitos. La vaca Yoyo la Yerba, en mil piezas cortada, en la noche estrellada (La vache Jojo la Mâche, écartelée, morcelée dans le ciel étoilé), es la misma histo-

[27] El lector de lengua española podrá encontrar obras similares en las recopilaciones de Ana Pelegrín o Margit Frenk. (N. del E.)

[28] M. Defourny, "Coup de cœur pour le Rouergue" en Lectures, núm. 96, mayo-jun. 1997.

ria que la del cuerno de la vaca sagrada, la luna creciente en los textos védicos de la India. Y, ¿sabían ustedes que la vaca que salta sobre la luna, representada en un cuadro de su habitación en *Buenas noches luna*, ilustrada por M. Wise Brown, es una popular cantilena inglesa "Buenas noches vaca que saltas sobre la luna"?

Los ogros, esos seres que devoran a su progenitura, ¿les recuerdan algo?

Un tal Cronos, padre de Zeus… ya saben… ¿No se comía a sus hijos? ¡Cuántas similitudes podemos descubrir, una vez que esta puerta se abre!

La cantilena se inscribe dentro de una serie de textos para los niños pequeños con sus rimas y sus resonancias poéticas; toma naturalmente su lugar entre los cuentos y las historias, bajo la forma de rimas o de estribillos para acompasar las secuencias de acción como un elemento poético, divertido, enmarcando algún evento horrible o permitiendo que se "cocine" lentamente un suspenso angustiante. Como en la letanía que se repite en *La Cenicienta*:

*Tour nou touk, tour, nou touk*
*Sang dans la pantouk*
*La vraie fiancée est au logis.*
*(Tur nu tuk, tur nu tuk*
*Sangre en la pantuk*
*La novia de verdad está en la casa)*

O también vendrá a embellecer un tema determinante del relato, como las rimas de la madrastra de Blanca Nieves:

*Espejito, espejito*
*¿Quién es la más bella de estas tierras?*

Como género literario, las construcciones rítmicas de la cantielna, sus temas, con frecuencia llenos de contrastes y de excesos –"*Roule billot, la moelle et les os!*" ("¡Ruedan los pesos, la médula y los huesos!")– aparecen como precursores de los cuentos. Ciertas cantilenas tienen contenidos casi idénticos a los de ciertos cuentos tradicionales.

En suma, ilustran una primera pasión por los juegos con números[29] donde el pequeñito, si bien aun no puede calcular como lo hará después en la escuela, está encantado de contar y enumerar, a condición que ello se haga en estribillos melódicos y poéticos. ¡La sabiduría de los bebés no deja de asombrarnos! Aquí las cantilenas son parientes cercanas de los relatos y de las canciones donde se van acumulando en enumeraciones repetitivas, las pruebas y los encuentros: *Biquette veut pas sortir du Le gros navet, Alouette, je te plumerai, La maison de Pierre,* etc.

Repito que no hay interrupción entre el tiempo de los cuentos y de los libros, y ese primer tiempo de las cantinelas que constituyen un lenguaje dirigido al niño en una proximidad corporal asociada a las caricias, al jugar al caballito, al nombrar las partes del cuerpo y a los acompasamientos rítmicos.

*La petite bête qui monte, qui monte, qui monte, guili, guili, guili…*

*(El bichito que sube y sube y sube, guili, guili, guili…)*

El dedo sube a lo largo del brazo del bebé, acaricia y hace cosquillas desde la muñeca hasta el cuello…

*Bateau sur l'eau, la rivière, la rivière*
*Bateau cerceau, la rivière va dans l'eau*

[29] M. Bonnafé, "Les comptines sont-elles bien innocentes?", en *La revue des livres pour enfants*, núm. 199-200, junio 2001.

*Le navire a chaviré, la rivière a débordé*
*(Barco en el agua, en el río, en el río*
*Barco aro, el río se va al mar*
*El navío se volteó*
*Y el río se desbordó)*

Sobre su regazo, el adulto arrulla al niño y lo balancea bajándolo y subiéndolo bruscamente; el bebé ríe a carcajadas, entre un miedo diminuto y un gran placer.

Posteriormente, cuando el niño camina solo y se le deja manifestar libremente si quiere o no escuchar, el adulto, para tener más oportunidad de ser escuchado, retoma espontáneamente las inflexiones rítmicas y melódicas de la cantilena. Busca las mismas inflexiones prosódicas para acompañar las secuencias poéticas, las que utilizaba en los juegos corporales con el niño. ¡Ésta es en todo caso una buena receta para todo lector debutante que se encuentre frente a un público de pequeños traviesos!

El dejo de simpatía por los números que es parte del encanto de las cantilenas surge muy pronto y "tiene razones que la razón no conoce". Lo encontramos en el interés por libros donde están dibujados objetos idénticos o al contrario, diferentes, en series progresivas.[30] Estos libros fascinan al niño; ya le gustan los signos, las cifras, pero claro, ¡no se le deben presentar como un aprendizaje de la suma y de la numeración! Se trata de un juego con adquisiciones de un orden totalmente diferente, mucho más importante en esta etapa del desarrollo.

En esta fase, al adulto le cuesta mucho trabajo contar historias porque el niño que empieza a ser autónomo toma

[30] M. C. Bruley, "Frises des livres d'images", en *La revue des livres pour enfants*, núm. 161, 1995.

distancias y restituye muy poco de lo que almacena. En el momento del descubrimiento de su imagen en el espejo, cuando ya creció el bebé construye dentro de sí una primera conciencia de que es UNO, uno solo y que las personas que le rodean también otros UNOS, y UNO, y UNO, y UNO…, al niño le encanta contar. Ciertamente, en ese momento no "cuenta" en el sentido que nosotros damos a la palabra –tampoco "lee" o "escribe" en el sentido que le dan los adultos–, pero se apasiona por una actividad en la cual, a su manera, cuenta inagotablemente los objetos, otro, otro, y otro más… Así, en cierta guardería, un niño de casi dos años, de lo más saludable, durante varios meses reclamó obstinadamente que le leyeran su libro favorito, en el cual se hace el recuento de manzanitas rojas; el personal de la guardería empezó a preocuparse por esta inocente obsesión. ¿Es el comportamiento del niño que va hacia la autonomía lo que perturba tanto a los adultos?

Para los niños más grandes las "cantilenas para contar" son con frecuencia pequeñas "fórmulas" de eliminación. Antes de comenzar un juego se colocan ritualmente en ronda y se sirven de un ritmo encantatorio y poético para designar antes del juego "a quien le toca". Una simple designación por medio de un sorteo sería suficiente, pero les gusta mucho más repetir el recuento melódicamente ordenado. "C'est toi qui sera le chat". [31] Así se cuenta y se elimina para situarse en un grupo, para medirse, rivalizar y poder afirmase más sólidamente, y ese juego se arraiga desde los primeros pasos.

[31] "Te tocó ser el gato", equivalente de nuestro De tín marín, de do pingüé…(N. del E.)

Sus diversas denominaciones revelan su uso principal: contar para designar y eliminar.

Las cantilenas están siempre en perpetua y constante creación. Los niños con frecuencia las arreglan a su manera pero conservan su estructura básica y su balanceo poético tan particular. Es interesante que cuando interrogamos a los adultos dicen casi siempre que han olvidado las cantilenas de su infancia. Pero en grupo, cuando alguien recuerda una, vuelven primero la prosodia y los estribillos; la estructura melódica se adelanta así a la rememoración de las palabras, que regresan posteriormente. La música del relato anticipa al sentido. El placer es grande cuando jugamos con sus onomatopeyas, con sus asonancias y con las sorpresas del sentido: las arañas cantan los domingos y el ratón hace encajes... Y ese placer se prolongará hasta:

*Un, deux, trois, j'irai dans les bois,*
*Quatre, cinq, six, cueillir des cerises,*
*Sept, huit, neuf, dans un panier neuf,*
*Dix, onze, douze, elles seront toutes rouges.*
*Loup y es–tu? ...que fais–tu?*
*(Uno, dos, tres, iré por el bosque,*
*Cuatro, cinco, seis, a buscar cerezas,*
*Siete, ocho, nueve en un cesto nuevo,*
*Diez, once, doce, y serán tan rojas...*
*Lobo, ¿estás ahí? Lobo, ¿qué haces?)*

Cantilenas o cuentos que servían de advertencia, juegos deliciosos con las cosas prohibidas para las niñas, en esos tiempos no tan lejanos en los cuales los bosques todavía estaban poblados de lobos y donde el acto amoroso, como el de dar a luz, estaban llenos de peligros para las mujeres. Víctor Hugo, Lamartine, Francis Jammes, Paul Fort, Apollinaire, Max Jacob, Prévert, Soupault,[32] todos estos poetas franceses compusieron cantilenas o se inspiraron de ellas:

*Pomme de reinette et*
*Pomme d'api*
*Tapis tapis rouge*
*Pomme de reinette et*
*Pomme d'api*
*Tapis, tapis gris*
*Mais quand serons–nous sages?*
*Jamais, jamais, jamais!*
*Ah, quand serons–nous fous?*
*Toujours, toujours, toujours.*
*La terre nourrit tout,*
*Les fous avec les folles,*
*La terre nourrit tout,*
*Les folles avec les vous*
*Mirlababi, surlabado*
*Mirliton ribon ribette*
*Surlababi, mirlababo*
*Mirliton, ribon, ribo*

Victor Hugo

*(Manzanita verde, manzanita roja,*
*Tapiz, tapiz rojo,*
*Manzanita verde, manzanita roja,*

[32] La traducción en lengua española también es larga y nutrida de Góngora y Sor Juana Inés de la Cruz y poetas como Alberti, Miguel Hernandez, García Lorca,Gloria Fuentes y muchos más recientes. (N. del E.)

*Tapiz, tapiz gris.*
*¿Cuándo nos portaremos bien?*
*¡jamás, jamás, jamás!*
*Ah, ¿cuándo estaremos locos?*
*¡Siempre, siempre, siempre!*
*La tierra todo lo nutre*
*Los locos con las locas*
*La tierra lo nutre todo*
*Las locas con los locos*
*Mirlababi, surlabado*
*Mirliton ribon ribette*
*Surlababi, mirlababo*
*Mirliton, ribon, ribo*
Victor Hugo

**Las adivinanzas**

Al hablar de las cantilenas y sonsonetes no podemos dejar de lado las adivinanzas y los juegos de palabras. La fascinación de los niños por las adivinanzas, de rico simbolismo poético y que se prestan a múltiples interpretaciones, comienza antes de la edad en la que el niño puede aportar respuestas a todas las preguntas que se hace, mucho antes de la edad de los "por qué". Al niño pequeño le encanta conocer nuevos acertijos y querrá repetirlos, lo cual le permitirá poner en jaque al adulto. El libro de John Burningham, que gusta tanto a los niños más grandes, *¿Qué prefieres?*, es un buen ejemplo de ello:

*¿Preferirías que un puerquito se probara tu ropa*
*o que un elefante bebiera el agua de tu bañera?*

*¿Que te obligaran a comer…un platillo de arañas*
*o… albóndigas de caracol?*
*¿Que tu papá se pusiera a bailar en la escuela*
*o que tu mamá gritara en un café?*

Y hay cuarenta acertijos como esos. Con ilustraciones en gran formato. En la portada, se ve a un puerquito levantando la pata hacia el cielo, mientras transporta a un niño de cabello rizado sobre una patineta. ¡Y un puerco *driver* (conductor) dibujado por John Burningham no es cualquier cosa!

La comunicación por medio de adivinanzas, si bien establece una interacción viva y excitante con los pequeños, no debe invadir demasiado los intercambios lúdicos con el lenguaje. Sucede a veces que el adulto pone acertijos todo el tiempo, convirtiéndose así él mismo en un niño y solicitando constantemente la atención del pequeño lector "¿Y esto qué es? ¿Conoces esto? ¿Cómo se llama?" Al insistir tanto, puede provocar el desinterés del niño quien no siempre tiene ganas de hacer esfuerzos. En este caso le estamos robando la libertad en la interpretación de un libro, de una imagen, de una historia, así como el placer de hacer él mismo las preguntas. El libro, permite, una vez más, la elaboración muy temprana de un campo de descubrimientos en el cual se mezclan el placer y la inquietud. Cuando está sobre un estante, entre los juguetes, la presencia durable del libro prolonga la vida de las preguntas y del juego con múltiples soluciones en espera. Adivinar se transforma en el placer de representarse, de imaginar, independientemente de la presencia apremiante de alguien mayor.

Los enigmas sin fin sobre el vasto mundo, sobre sí mismo o sobre quienes nos rodean, encuentran una salida en los juegos de adivinanzas y sus soluciones irracionales a preguntas anodinas, soluciones en las cuales el niño saborea la ignorancia de los grandes, incapaces de encontrar la respuesta. El espíritu de la adivinanza es, a fin de cuentas, un juego de inversión de poderes. Cuando es el niño quien plantea el enigma, juega a tener la clave, a ser amo del saber. Podemos compararlos con las bromas festivas y los rituales invertidos que encontramos en las crónicas carnavalescas y gargantuescas en las cuales se inspiró Rabelais: durante el periodo que va del inicio del invierno hasta el carnaval las misas eran dichas por los monaguillos –o por algún burro–, en medio del alboroto se cambiaban sexos y roles. Los niños se convertían en los reyes y las reinas de la Epifanía. Si alguien se tragaba la figura del pastel de reyes[33] tendría un bebé y esos bebés se volverían gigantes, "gargans", [34] glotones como todos los niños.

***Estaba una vez Toto...***

Ya vimos que el niño se afirma al pasar por una temporada de oposición y de negativas. No dejaremos el dominio de los "cuentos cortos" sin hablar del interés de los pequeños por las historias "sucias" o groseras –"historias maleducadas", como dicen los pequeños– desde las primeras alusiones a la caca hasta las historias de Toto[35] en el caso de los niños más grandes.

[33] En Francia se le llama fève, haba; los reyes se celebran con un pastel de pasta almendrada y no con una rosca, como en Latinoamérica y España. Con cada pastel, viene una corona de cartón dorado. Quien encuentra la figura, se la pone y es el rey (o la reina). (N. de T.)

[34] De ahí el nombre Gargantua . (N. de T.)

[35] Equivalente de "Pepito" en México. (N. de T.)

En su mayor parte estas historias se transmiten sólo de manera oral. Sólo los folcloristas las han recopilado en libros. Claude Gaignebet, en *Le Folklore obscène des enfants* (El folclor obsceno de los niños), no sólo ve truculencias de lenguaje. Detecta una vía privilegiada de transmisión de historias diabólicas, transgresoras y obscenas, reflejando, más allá del juego erótico, ciertos mitos fundamentales.

Así, las historias del asno y del lobo que lanzan pedos son las preferidas de Toto, el maleducado, y tienen cierta relación con el folclor del asno del Hades y del lobo verde, cuyos intestinos son refugio y puente para las almas de los hombres que pueden así efectuar su trasmigración entre la tierra, el espacio sublunar y el "empíreo". El propio Aristóteles alude al "pedo del asno"...

Ciertos autores se apoderan sin mucho tacto de estas palabras inconvenientes y de estas breves historias groseras de la infancia, para integrarlas en sus libros.

En este caso, yo defendería el mantenimiento dentro de la transmisión oral, ese vocabulario y esas historias trasgresoras, así como el respeto del universo secreto y salvaje del niño, que tiende a restringirse cada vez más. La alternativa entre lo que puede o no decirse, como entre lo que puede o no hacerse, confrontada con las necesarias convenciones sociales, sufre variaciones y mutaciones y representa un factor indispensable para el buen equilibrio de una colectividad.

En cuanto a los límites a respetar en los textos escritos, tampoco aquí es útil recurrir a principios edificantes ni a prohibiciones. Entre aquello que expresa una excesiva seducción erótica por parte del adulto y aquello que no es sino un juego divertido con variaciones de código y prohibiciones de violencia y erotismo, el talento y la mesura son los criterios esenciales que deben mantenerse. El tema provoca reacciones apasionadas en todos los casos. Recordemos la moda de *Los mugrosos,* estampas ilustradas con dibujos que resultaban particularmente repugnantes, y cuyos textos explotaban los ascos diversos de niños y adultos. La forma misma de esas imágenes, parecidas a las estampas para coleccionar que venían con los chocolates o los quesitos para niños, las designaba como una propiedad infantil. ¡Este fenómeno dividió violentamente a muchas familias! Quizá ese tipo de episodio en el folclor infantil sea una huella visible de cambios más profundos de lo que en un principio se podía suponer.

El término "caca" se aceptó en las buenas costumbres. Con el dominio de las enfermedades epidémicas, nuestra educación en cuanto a la higiene es mucho más liberal. Los excrementos provocan menos angustia en una época en la cual la mortalidad por cólera ha sido erradicada en muchos países. Pero sería peligrosamente seductor y amenazador para el equilibrio del niño el evocar de manera cruda las prácticas sexuales, puesto que durante mucho tiempo estará en posición de inferioridad y de inmadurez en cuanto concierne a la sexualidad.

El niño, que encuentra por sí mismo placer con esas historias transgresoras, podrá soportar esa larga espera gracias al recurso a la ficción y a los símbolos, presente en muchos textos, notablemente en los cuentos. También si se respeta sus secretos.

En las guarderías, apenas dos o tres meses antes de que el niño entre a la escuela maternal, juega a provocar al adulto diciendo palabras "sucias", como la tan popular "caca". Repiten la palabra riendo disimuladamente, sabiendo que no está permitido hacerlo. Los autores de talento respetan este espacio personal del niño porque, según sé, la literatura para los más pequeños evita el uso de esta palabra tan generalizada.

Cuando el niño crece un poco y empieza a ir a la escuela, se le prohíben las "malas" palabras y la violencia verbal: "Eso no se dice", recomendamos al niño, dándole a entender: "Eso no se dice frente a los adultos".

Respetamos así el espacio secreto de la interioridad infantil. A partir de este momento los niños, si tienen cierto equilibrio, gozan mucho más escondiendo por lo menos a medias las historias sucias. Continúan transmitiendo estas breves historias bien construidas, tales como los chistes de Toto.

### *El cuento maravilloso*

El cuento es un género muy antiguo y es difícil datar sus orígenes. En efecto, como no se desenvuelve en el mundo real, no comporta referencias de tiempo ni de espacio y antes de ser escrito, fue parte de la tradición oral. En nuestros días se transmite principalmente por medio del libro, aun cuando el arte de los cuentistas satisface siempre un deseo que no se puede extinguir.

Existen tramas similares en todos los países, aunque los protagonistas cambien. En los países eslavos Babayaga es una bruja caníbal cuya nariz ganchuda apunta al cielo; en el Magreb, no hay ogro sino ogresa; en Senegal, es el camaleón quien regala el talismán y la hiena astuta reemplaza al zorro. Podríamos multiplicar estos ejemplos, testimonios de la vitalidad universal de los cuentos maravillosos.

Estas historias poseen el poder de cautivar a todas las generaciones. Tanto niños como adultos se reconocen en ellas, más allá de las barreras de lengua y cultura. Y el contenido de los temas tratados no constituye el único atractivo de tales cuentos. Hay que hacer justicia a su originalidad poética que pone en escena y agrupa múltiples voces a través de diferentes personajes, siempre en el núcleo de la acción, descritos de manera muy concisa.

En virtud de la amplitud y la diversidad de otras obras escritas sobre el cuento, sólo recordaré aquí de manera breve aquello que le es propio.

El "cuento de hadas", "cuento maravilloso" o "cuento popular" constituye un género literario definido por dos características indisociables. En primer lugar, el relato del cuento se sitúa enteramente en un universo sobrenatural. En segundo, la construcción del relato es única en su género. Se establece en el cuento un lazo íntimo entre uno y otro aspecto. Cuando se trata de situar la importancia en el desarrollo del niño, tendemos con frecuencia a privilegiar el contenido del relato, o, por el contrario, a privilegiar su estructura desligándola del contenido del pensamiento original. Finalmente, descuidamos a veces algo que me parece esencial: el cuento nos encanta solamente cuando posee un valor literario. Si no lo tiene, nos aburre.

El principio de *Blanca Nieves*[36] ilustra muy bien el efecto producido por ese lazo íntimo entre trama y contenido de un relato.

"Erase una vez, en pleno invierno, cuando los copos de nieve descendían del cielo como plumas ligeras, una reina

[36] Grimm, *Hans le hérisson et treize autres contes*, París, Gallimard, col. Folio Junior, 1984.

que cosía frente a una ventana de marco de ébano negro y profundo. Y mientras cosía, distraída por la bella nieve que caía, la reina se picó un dedo con su aguja. Tres gotitas de sangre cayeron sobre la nieve. Se veía tan hermoso el color rojo sobre la nieve que la reina pensó: "¡Oh, si yo tuviera una niña cuya piel fuera tan blanca como la nieve, cuyos labios tan rojos como la sangre y cuyos cabellos fueran tan negros como el ébano de esta ventana...!"

*Tan blanco como la nieve,*
*Tan rojo como la sangre*
*Tan negro como el ébano*

El ritmo ternario nos coloca desde las primeras palabras ante una exposición límpida y musical que contiene el enigma de los colores y el misterioso y dramático paso de la sangre a la nieve. Este recurso aparece cada vez que hay un momento de tensión en el relato. Prefigura, con un fondo de estribillo, la tragedia por venir. Las primeras líneas del cuento instauran el drama entre el blanco de la inocencia, el rojo de la vida y de la crueldad, y el negro de las tinieblas. El niño y el adulto están ya proyectados en una anticipación de la historia y también empapados con su ritmo. Es esta construcción particularmente fuerte y rigurosa la que va a organizar el desorden y la desmesura de los pensamientos del niño para abrirle el acceso al dominio de sus sentimientos y de su persona.

Los cuentos tienen un significado universal y su recorrido es análogo a la trayectoria personal de todo ser humano. Marthe Robert escribió en su hermoso prefacio a los *Cuentos* de Grimm:[37]

El cuento propone al niño una imagen de la familia humana. El "reino" del cuento no es otra cosa más que el universo familiar bien cerrado y delimitado. Esencialmente, describe el paso de la infancia a la madurez, paso necesario, difícil, lleno de obstáculos.

La autora destaca, junto con la constancia de ese tema principal, la importancia de la construcción que también es universal: "Conforme se iban recopilando los cuentos, se descubrían analogías muy precisas. Se encontraban todos armados y combinados de idéntica manera, con algunas variantes, mismas que subrayaban una clara continuidad en los temas".

El principio del cuento nos remite al final siempre feliz para los niños, salvo algunas raras excepciones como las diferentes versiones del ambiguo final de Caperucita Roja, de la cual hablaremos más tarde. Muchos cuentos empiezan con la muerte de la madre buena –a quien con frecuencia viene a reemplazar una malvada madrastra– y se terminan con recomendaciones edificantes para las nuevas generaciones: "Se casaron y tuvieron muchos hijos."

El contenido de los episodios es peculiarmente invariable: el héroe abandona el hogar debido a la falta o ausencia de algo, hecho que con frecuencia está asociado a un acto de malevolencia; además tiene encuentros sucesivos, recibe un talismán y pasa por pruebas que encontramos siempre, según una repetición bien establecida. Esta trama se mantiene constante y quien empieza el cuento presiente muy pronto, en mayor o menor medida, lo que

[37] Grimm, *Cuentos*, París, Gallimard, col. Folio, 1984.

sucederá después. Así, encontramos esta estructura inmutable en todas las lenguas. Vladimir Propp ("el primer estructuralista", según Lévy–Strauss) observó su construcción en los cuentos rusos.[38] Detectó un número constante de enlaces que se suceden en el mismo orden: siete en la introducción, cuatro ahí donde comienza la intriga y doce en la acción propiamente dicha.

Todo lector o narrador, incluso si es un principiante, encuentra con el niño una entonación cantante apoyada sobre las secuencias numéricas acompasadas por las fórmulas clave del cuento. Cada secuencia contiene un elemento que anuncia la siguiente, y así hasta el final.

La sólida estructura de los cuentos de hadas resulta tan importante como su contenido para entender la fascinación que provocan durante toda la vida, empezando por la primera infancia. En efecto, si proponemos en desorden los mismos temas, con frecuencia retomados en los relatos míticos, o si los contamos bajo una forma que no corresponde a la estructura de los cuentos "maravillosos", no producirán el mismo efecto y no cautivarán de la misma manera.

Se han escrito numerosos comentarios sobre los temas contenidos en los cuentos. Muchos de estos comentarios aluden a los fantasmas más angustiantes que el psicoanálisis nos enseñó a reconocer, desde Freud y su *Interpretación de los sueños*, hasta las obras más recientes. Abarcan las primeras etapas del desarrollo del niño, tal y como las evocamos en el capítulo "la novela del bebé".

Se relacionan con la vida y la muerte, con la sucesión de las generaciones y con la expresión simbólica del ciclo

[38] V. Propp, *Morphologie du conte*, París, Seuil, 1966 (trad. en español: Morfología del cuento, Madrid, Akal, 1985).

de las estaciones y los años. Después de los días sombríos y el riesgo de privaciones vienen los excesos y los jolgorios, el despertar de pálidas princesas, hermosas y frescas que se unen al príncipe esperado, en la consagración de una verde primavera. A lo largo del relato, el héroe que partió del hogar para descubrir el mundo se ve envuelto en los acontecimientos más crueles que podamos imaginar. Siempre triunfará: el equilibrio entre los poderes del bien y del mal se resuelve en un final feliz, con el éxito del héroe.

Es curioso constatar que los adultos sienten una gran familiaridad con los horrores de los relatos que frecuentaron en su infancia –tradicionalmente inscritos en los estrechos límites de su cultura familiar– y que, al contrario, les parecen mucho más crueles y nocivos para el niño. ¿En qué serían diferentes la carne molida del Marqués de Carabás o el ogro que en *Pulgarcito* degüella a sus propias hijas, de aquel niño descuartizado y cocinado cuyo padre chupa y tira los huesos bajo la mesa en *El enebro*?[39] Sobre todo porque la canción mágica cantada entonces por el pájaro transporta al niño al mundo de las maravillas. Muchos adultos se indignan cuando se les da a sus hijos ese tipo de textos, a pesar del gusto que los menores manifiestan por ellos.

Otro punto importante es que los héroes de los cuentos de hadas no tienen rasgos psicológicos individuales bien precisos: pertenecen a un género literario en el cual la acción tiene un peso mucho mayor que los personajes. Sus sentimientos se definen únicamente en función de los actos que realizarán en la historia: glotonería, pereza, generosidad

[39] Grimm, *Cuentos*, *op. cit.*

o avaricia, cobardía o heroísmo. Así, sus aventuras toman un aspecto muy general. René Diatkine subraya:

> Los personajes de los cuentos representan más un rasgo de carácter o una cualidad moral que un ser humano completo. Esta esquematización de lo representado permite al joven lector captar lo que puede haber en común entre él y uno u otro personaje, sabiendo al mismo tiempo que no es como ellos. Encuentra también puntos comunes con personajes completamente opuestos, valientes y miedosos, perezosos y activos, etc. Este tipo de género literario, asociado al aspecto impreciso del lugar y del momento de la acción, facilita el juego con lo imaginario en el marco eterno del "país lejano" donde "érase una vez un rey, una reina..."

Así, el joven aficionado al relato puede prestar fácilmente a esas criaturas de ficción toda suerte de pensamientos y sentimientos, buenos y malos, en función de su humor del momento o del humor que él mismo atribuye, con razón o sin ella, a sus educadores.

Pero esto no le resta nada al talento del creador. Si aludimos aquí de nuevo el misterio del talento y de la creación literaria, es para considerar con reserva la moda de los cuentos escritos a partir de una trama dada, recientemente introducida en las escuelas y en otros espacios. Los niños pueden experimentar cierto placer creativo durante el taller de escritura, pero manifiestan su decepción cuando releen o deben "pasar en limpio" sus textos.

Cuentos como *Ricitos de oro y los tres osos*, *Los tres cochinitos, Rueda Galleta,* con sus repeticiones ternarias, están tan cerca de la cantilena como del cuento. Son relatos apreciados y siempre solicitados cuando los más pequeños comienzan a manifestar activamente sus propios gustos; son apuestas seguras en las sesiones de animación.

Antes de que los cuentos tradicionales comiencen a ser también a menudo solicitados, otros cuentos más breves resultan muy exitosos entre los niños. Ellos se ubican muy bien en la historia mientras que en los cuentos más largos y más complicados tantean e inventan versiones fantasiosas –lo cual por cierto no está mal–, rebasando al narrador. *Caperucita Roja* y *Pulgarcito* son modelos de cuentos intermedios para los más pequeños. Después, entre los cuatro y seis años, los niños que están familiarizados con las historias conocen y aprecian plenamente cualquier cuento del repertorio tradicional y son capaces de precisar sus gustos.

Como sabemos, *Caperucita Roja* ha sido objeto de numerosas versiones, tanto en el texto como en la concepción gráfica. Ser devorado y tragado, encontrarse en el vientre del lobo, representa un juego simbólico en las teorías que el niño construye sobre el embarazo y el parto. Es una referencia para los niños tanto en la guardería como en la biblioteca. No es raro ver que se las arreglen para compensar lo que olvidan, ayudándose con otro cuento conocido. Cuando estamos contando *Ricitos de oro* una pequeña pregunta: "Ah, ¿ya va a entrá capelucita?", apoyándose así, angustiada o curiosa, en una historia que recuerda mejor. El hecho de que en la versión tradicional la historia termina mal para la heroína ha sido muy discutido. Para los pequeñitos, la voracidad del lobo, la impetuosidad de sus deseos, son evidentemente una fuente de identificación, así como el hambre del zorro en *Rueda galleta* al engullir al final a la famosa galleta. En sus fantasías, los niños viven estas "inversiones" del deseo, posteriores a la exteriorización de sus primeras ganas de dominar y de devorar. Son esas inversiones y esos juegos de identificación los que trabajan para producir los primeros miedos nocturnos.

En *Pulgarcito* los temas del relato tienen un eco en los precariamente organizados primeros pensamientos del niño pequeño, a propósito de la angustia de separación y de la fase de oposición que hemos mencionado antes. Los arrebatos de cólera, la voracidad de los primeros deseos, alternan con la desolación y el miedo al abandono. Pero al acompañar a *Pulgarcito*, el niño triunfa sobre todos los peligros. El número siete: siete hermanitos, siete hijas del ogro; el divertirse con los números como en las cantilenas organiza la ronda de los grandes temores y de los reencuentros familiares siempre tan esperados. Éstos tendrán lugar al cabo de tres, de las tres secuencias de pruebas que caracterizan a todos los cuentos maravillosos.

Como quiera que sea, pensamos que no hay que encerrar tal o cual cuento maravilloso en una sola forma de interpretación, apoyándonos en una referencia superficial al psicoanálisis. Cada uno deberá encontrar libremente su propia manera de soñar.

En el cuento chino *El jorobado y el hijo del árbol del banano*, el héroe debe escoger entre la muerte de un padre y la de una mujer con su bebé. Los niños abandonan el silencio, cada uno propone su propia versión. Después son tranquilizados por la opción impuesta del cuento, que brinda una solución estable. En este relato en el cual jamás se dice "yo", cada uno puede tomar o dejar lo que le conviene, dentro de un variado registro e interpretando a su antojo.

Un último ejemplo pone en evidencia esta reconstrucción que el niño procesa durante un largo periodo. En una biblioteca se realiza una sesión de cuentos cuyas reglas son un poco estrictas (por ejemplo, una vez dentro, está prohibido salir), un niño grande lleva a su hermanito, a quien tiene que cuidar los miércoles.[40] El pequeño tiene tres años y todavía no habla bien. Leemos *Barba Azul*. El niño está un poco asustado pero su hermano lo sostiene con firmeza. Durante los miércoles siguientes se niega a entrar en la sala a la hora del cuento; encontramos un arreglo para él, con una bibliotecaria que puede leerle las historias que él quiera. Sin embargo, él no parece querer nada. Circula por el local, a veces toma algún álbum que apenas mira. Al cabo de algún tiempo, toma *Perro azul*. Se lo lleva a la bibliotecaria, le pide que se lo lea y para él el perro se llama Barba Azul. Querrá que le cuenten esta historia muchas veces. Es una historia un poco inquietante: una niña acaricia a un perro azul que viene a verla a su ventana cada noche. "No sabemos de donde viene, quizá sea malo o esté enfermo. De todas maneras, no quiero un perro en la casa", dice la mamá. La niña y el perro se encuentran por la noche. Encuentran refugio en una cueva y surge una fiera negra; es el espíritu del bosque. Hay que luchar contra él hasta el alba, porque desaparece con la luz. ¡Después de un combate feroz, Perro azul salva la vida de la niña! De regreso a casa, la mamá da las gracias a Perro azul. Se trata, como *Pulgarcito*, de una historia más cercana a las angustias de separación y a los primeros instintos de voracidad, que las aventuras de hermosas princesas, culpables de curiosidad, salvadas por

[40] Día de descanso de los escolares en Francia. (N. de la T.)

algún apuesto príncipe. Este niño encontró por sí mismo su alimento en este cuento terrible, y reescribe su Barba Azul personal, transformado en perro. Él mismo acomodó las reglas demasiado rígidas del grupo inicial obligando a los adultos a una relación más libre con los cuentos. Nos mostró de manera ejemplar cómo hace un niño para sobrellevar sus momentos de angustia. Su interpretación, adaptada a su edad, es tan válida para él como cualquier interpretación más fiel a la historia.

La pasión por el cuento de hadas permanece en nosotros. Tristes son los lectores que dejaron por completo de ser niños... Los cuentos fascinan también a los adultos en su forma habitual, o transformados en argumentos para ballets, óperas o alguna otra obra literaria. Que un mismo texto sea fuente de placer estético a edades tan variadas le confiere un valor particular en la transmisión generacional.

**Las historias y los mitos**

Una selección considerable de relatos se dirige hoy a los más pequeños y encontramos también textos de presentación, críticas y bibliografías en las bibliotecas, en los lugares para la primera infancia y en ciertas asociaciones. *La revue des livres pour enfants* les consagra secciones regulares. Nos detendremos aquí en un punto particular: su rol en la transmisión de los mitos en nuestras sociedades contemporáneas.

Michel Defourny nos ha mostrado la cercanía de su contenido con los temas o motivos míticos. Entre los ejemplos que acostumbra a citar señalemos *Huye conejo*, de Margaret Wise Brown, *Donde viven los monstruos*, de Maurice Sendak o *Yoyo la Yerba*, de Olivier Douzou.

*Huye conejo*, de Margareth Wise Brown apareció en Estados Unidos en 1942. Traducido al francés bajo el título de *Je vais me sauver (Me escaparé)*, pone en escena las paradójicas necesidades del niño que va creciendo: escapar para salvar su autonomía, con la seguridad de que será perseguido porque necesita amor. Cualquiera que sea la forma que tome el pequeño conejo –pez, pájaro, trapecista–, no podrá escapar a su madre; ella se transformará en pescador, en equilibrista, en ráfaga de viento… para abrir sus brazos al hijo amado. Si bien la problemática del libro ilustra una fase específica en el desarrollo psicológico del niño, esta historia de un conejo que trata de afirmarse a través de una serie de metamorfosis recuerda el cruento combate del aprendiz de brujo y su maestro. Este tema puede ser de origen chamánico (como lo sugiere Evelyne Cevin), y lo encontramos tanto en los cuentos rusos recopilados por Afanassief, como en los cuentos populares de la provincia francesa. Y fue retomado recientemente por el escritor alemán Ottfried Preussler en *Le maître des corbeaux,* una novela iniciática para adolescentes.

Ese viaje más allá del océano que nos lleva a una isla donde el héroe debe afrontar seres terribles, caracteriza numerosos relatos épicos. ¡Sólo evoquemos a Ulises! Al término de su viaje, el héroe que triunfó en todas las pruebas, se ha convertido en un hombre nuevo.

En *Donde viven los monstruos* (1965), que en francés se tradujo *Max et les maximonstres,* el niño, después de una disputa con su madre, sube al velero que lo espera en la playa. El tiempo de la narración se dilata, conforme a las leyes del género: la navegación soñada por Max dura un año. En cuanto a los monstruos con los cuales el niño festeja se asemejan a las representaciones que ornan los capiteles romanos. A otros, sus cuernos y sus garras les recordarán más bien tal o cual extraña divinidad asiria. En este álbum, creado bajo el signo de la voracidad y del lobo, Max hace un viaje interior, buscando el dominio de sí mismo. Al final del libro, el niño que comerá la cena que alguien le dejó cerca de su cama, es un pequeño ya dispuesto a reconciliarse con su madre; ya no es el lobo desenfrenado de las primeras páginas, aquél que perseguía a su perro, amenazándolo con un tenedor.

Otras resonancias míticas las encontramos en *Jojo la Mâche* que el autor Olivier Douzou escribió e ilustró por diversión para su hijita de tres años. El álbum cuenta la historia de una vaca muy vieja que masticaba desde siempre; en aquellos tiempos, el cielo estaba vacío por completo. Sucedió que una mañana, Yoyo perdió sus cuernos; y esa misma noche una luna creciente se pudo ver por primera vez. Otro día, Yoyo perdió las manchas de su piel, y de inmediato, las nubes se movieron con el viento, allá arriba. Luego desapareció... ¡la cola de Yoyo! Con imágenes reducidas a lo esencial, al límite de lo abstracto y con un lenguaje simple y encantador, Olivier Douzou se enlaza, no sin humor, con la vena mitológica más profunda: la realización de la creación a partir del desmembramiento de un ser primordial. Esto nos recuerda el Himno al Purusha, del décimo libro del Rigveda en el cual se nos dice que todo lo que está sobre la Tierra encuentra su origen en el cuerpo de un gigante inmolado. De su ojo surgió la luna; de su aliento el viento, de sus brazos los guerreros; de los vellos de sus brazos y piernas los bosques. En el caso del libro ilustrado de Douzou, la vaca desmembrada se vuelve la madre de las estrellas, del cuarto creciente y del sol naciente, vaca sagrada que viene a reunirse con aquella de la cantilena inglesa, la que salta sobre la luna, inmortalizada por Clement Hurd en el cuadro de la habitación de *¡Buenas noches, Luna!*, de Margaret Wise Brown.

### *El bebé y las imágenes*

Los libros para los niños pequeños son, en su mayoría libros ilustrados, también llamados "álbumes", "libros de imágenes".

La posición de inferioridad en la cual se mantiene a la literatura infantil en Francia no concierne quizá en el mismo grado a la ilustración. Carteles, exposiciones de ilustradores o de fotógrafos circulan en las bibliotecas, en las Ferias del libro. Una galería de arte en París, L'Art à la page, inauguró la promoción de ilustradores de libros para niños y jóvenes, sobre todo de libros para los más pequeños. El Museo de Orsay en París también organizó una exposición de Beatrix Potter. Se pueden adquirir reproducciones y obras originales.

La asociación Les trois ourses (Las tres osas), promociona los libros para niños hechos por artistas, con sus propias ediciones y exposiciones. Katsumi Komagata, Rémy Charlip, Tana Hoban, Tomi Ungerer, Claude Ponti, Martine Bourre, Antonin Louchard son algunos de sus autores...

Los niños, siempre atentos al texto, retienen cada palabra, y notan el más mínimo detalle de las imágenes. Sus autores e ilustradores favoritos son Anno, Burningham, los De Brunhoff (Laurent y Jean), Danièle Bour, Frédéric Broutin, Maurice Sendak, Solotareff... por citar sólo algunos.

El niño es un refinado lector del juego entre el texto y las imágenes. La imagen ilumina al texto, completa el sentido, la trama, el carácter del héroe y también el desarrollo del relato. Así, para los niños más grandes, en las diversas versiones ilustradas de *Caperucita Roja*, si bien el argumento del texto original se respeta, verán a la niña representada de diferentes maneras. Pequeña seductora, con Gustave Doré, niña intrépida para Jack Kent, o heroína de película policiaca en las fotos blanco y negro de Sarah Moon: el lobo feroz permanece invisible y el peligro se deja a la imaginación de cada uno, sugerido por las calles sombrías de pavimento mojado y por un amenazador automóvil negro.[41]

Hemos visto cómo el niño pequeño se siente atraído a la vez por las letras, el texto integral leído a su propio ritmo y con su propia melodía, las imágenes, los colores y los trazos sobre el papel liso, trazos que en un primer momento quiere tocar con sus manos. El reconocimiento de las imágenes acompaña de este modo la enunciación de las primeras palabras.

Los bebés nos sorprenden porque saben reconocer el talento de los pintores. Sus gustos son muy variados: imágenes en colores vivos o pálidos, en blanco y negro, dibujos simples o muy complicados a propósito, como en *El álbum de Adèle* de Claude Ponti, por ejemplo. Les gustan los dibujos abstractos y los dibujos realistas. En los abecedarios, todos estos estilos están presentes: el *Alfabeto* de Sonia Delaunay, gran creadora de arte abstracto, *El alfabeto de Babar*,

[41] C.-L. Malarie, "Le petit chaperon rouge; jeu d'images" en *Actes du Congrès International*, VIII, 1988, bajo la dirección de J. Perrot, *Jeux graphiques dans l'album pour la jeunesse*, Argos, CRDP, Créteil, 1991.

*El abecedario* de Jean Alessandrini, con sus letras que imitan animales fantásticos, o aquél de K. Pakovska…

Existe una estética de las imágenes que es la propia de esta edad, con sus clásicos como Benjamin Rabier, Beatrix Potter o Jean de Brunhoff. Los ilustradores se adaptan cada vez más a las primeras capacidades de discernimiento de los bebés. Pintan el humor de los intercambios, y las situaciones más variadas por medio del trazo o del color, con sus mímicas, gestos, modos de vestir, movimientos de objetos, de personajes o de animales familiares, míticos o imaginarios, compañeros de los niños desde siempre. También exploran composiciones plásticas diversas, variaciones en el encuadre y en los márgenes, juegos entre el espacio del texto y de la ilustración, que introducen en la historia un recorrido diferente. En *Hazme cariñitos,* Michel Gay cita el juego francés de "pince–mi pince–moi" (pellízca–mi, pellízca–me). Aquí encontramos el ambiente de los primeros juegos de contacto corporal: parejas de personajes de formas blandas, entre moluscos y monstruos de suaves colores, se agitan en cómicas poses con miradas traviesas y su aspecto anima en chicos y grandes los primerísimos placeres de los gestos compartidos.

Los "libros de imágenes" hacen que el lector adulto despegue hacia el mundo del ensueño y de la creación imaginaria. Sólo cuando la ilustración posee en sí misma rigor plástico, puede transmitir un equilibrio particular entre lo imaginario y la realidad del artista y comunicar asimismo algo a los demás, pues despierta en cada uno de nosotros la relación singular que va de la realidad al sueño.

Por ejemplo, el álbum de Anthony Browne *Cambios* muestra el universo familiar de una casa que se va modificando: la tetera se convierte en gato, el sofá se transforma en cocodrilo. Los padres se fueron, después de decir: "Muy pronto, todo va a cambiar." El pequeño Joseph se pregunta a lo largo de las páginas: "¿Cambiar así? ¿O así?" En la última página, los padres reaparecen, trayendo con ellos un bebé. Y nos preguntamos si la hermanita es francamente fea o si su carita arrugada no evoca más bien la figura indefinible del niño Jesús en las pinturas antiguas. El misterio inexplicable de un nuevo nacimiento está tratado aquí de una manera poco común que podría ser inquietante si no fuera por la calidad plástica de las imágenes en el estilo de Magritte, en las cuales el equilibrio y la sutileza de los colores mitigan la angustia.

No sabemos lo que sienten y comprenden los bebés, esos bebés que tienen gustos tan sensatos y que saben detectar tan bien las imágenes bellas; pero podemos anticipar que esas imágenes funcionan para ellos igual que para los adultos. Establecen lazos, comunicaciones entre los pensamientos nacientes del bebé, los cuales ya se oponen entre ellos. Además, para el bebé, los pensamientos del sueño ya están diferenciados de los pensamientos que detectan la realidad y las personas que le rodean. En el bebé, los primeros contactos con la realidad se establecen de una manera muy extraña, cercana al sueño nocturno, muy diferente de la que nosotros podemos percibir. Una imagen bella tal vez sea aquella realizada por un artista que supo despertar en nosotros esta percepción inicial que nos remite al tiempo en el cual aún no podíamos hablar.

Algo cambia en la madre o el padre de un bebé, aun cuando estén familiarizados con las artes plásticas, cuando contemplan juntos las imágenes de un libro y se establece una comunicación muy fuerte con el placer de su hijo.

Arnold Lobel cuenta *Siete historias de ratones*: en la primera imagen los siete ratoncitos están ya en la cama, con los ojos brillantes y la nariz apuntando a su padre bigotudo, quien les cuenta cuentos. Al final de los siete pequeños relatos, uno por cada ratón, se duermen y los padres se encuentran solos. El dibujo de Lobel de los siete ratoncitos dormidos, cuyas cabecitas serenas reposan sobre siete pequeñas almohadas en su cama decorada con flores rosadas, evoca en cada uno de nosotros, la vivencia, el olor, la suavidad del sueño de los bebés.

***El libro como objeto***

Nunca defenderemos el disparate de imponer los libros en la cuna, con los primeros alimentos. Algunos adultos prefieren poner una cajita de música, un móvil o una imagen alrededor de la cual cuentan muchas historias. Está muy bien así.

Sin embargo, a muchos adultos les gusta llevar libros a los más pequeños, y esto también es muy bueno. Lo que es importante durante el primer semestre de vida es permitir que la mamá y las personas que rodean al bebé "pierdan" el tiempo con el niño, tiempo perdido pero muy preciado, con las cantilenas y los primeros relatos.

En esa etapa, los primeros libros de imágenes en *cartonné*, sin ángulos rígidos, ilustrados con colores intensos, poseen una verdadera calidad estética, la misma que preside la elección de la ropa, las sábanas y todo el entorno del bebé. Los álbumes en forma de acordeón se prestan de maravilla para que el nene los manipule. El papel resistente como papiro es un elemento sólido, durable y precisemos también que... ¡particularmente higiénico!

Alguna vez conocimos a un administrador, obsesionado con la desinfección cuyo reporte preoconizaba la quema de los libros infantiles a la salida del hospital. ¡Hasta donde llegan los "autos de fé"!

Los libros "animados" con lengüetas de cartón que dan movilidad a las imágenes o que por lo menos esconden una parte de ellas, son los preferidos de los niños y de muchos adultos: esto último no tiene nada de malo, puesto que el placer del adulto lector debe tomarse en cuenta tanto como el del niño. Pero no hay que quedarse con la sola manipulación del libro y sus lengüetas, privando al niño del desarrollo de la narración. Si bien gran parte de esta producción es mediocre y comercial, hay algunas obras de gran calidad, como la serie de *Spot*, el muy popular perrito. Hagamos notar que estos álbumes son por lo general más frágiles y más caros pero eso no es una razón para privar de ellos a los niños. Puesto que se trata de objetos maravillosos, su manipulación deberá vigilarse más de cerca.

Las hojas de papel de calidad básica, las cubiertas en cartón rígido y brillante, son materiales muy apreciados por el bebé durante los primeros meses. Éste toca las páginas con su dedito, se lleva el libro a la boca, lo husmea. ¿Acaso no permanece en nosotros la huella del olor característico del papel entintado, brillante, nuevo, que se impregna de un pasado indefinible e inestimable para un lector adulto? Parecería que la infancia entera resurgiese al llamado de este aroma tan característico.

Los libros de tela no parecen tener tales cualidades. Si son demasiado blandos y poco aptos para ser hojeados serán muy pronto abandonados por los nenes, quienes se servirán de ellos como cobijas para sus muñecos. Algunos libros de tela, muy rígidos y con zonas tactiles, son objetos bonitos para clasificarse entre los libros animados y los "libros–objeto", como los libritos de madera con los cuales se pueden hacer sonidos de castañuela. Experimentamos con los "Pre–libros" de Bruno Munari, una serie italiana fabricada con materiales diversos: interesaron a los niños más grandes, ya familiarizados con los álbumes. Este tipo de libros parece poder anticipar la manipulación de otros libros de forma más clásica. También son útiles para niños con perturbaciones psíquicas y referencias corporales deficientes.

Los libros de muy pequeño formato se adaptan bien a las manos del bebé. Más adelante, es más difícil manipularlos y la intervención del adulto es un poco más complicada. Los álbumes de gran formato como *Babar, El álbum de Adèle*, son una verdadera delicia. En la biblioteca, *El álbum más grande del mundo* es abierto, explorado, utilizado, "leído" con múltiples desplazamientos a gatas y sobre todo con una atención cuyos secretos siempre serán un misterio para nosotros.

## Manipulaciones y entonaciones

El bebé es totalmente capaz de sumergirse en investigaciones y manipulaciones de álbumes, registrando muy bien una historia que se cuenta a distancia. Como ya lo hemos visto, con frecuencia tiene entre las manos otro libro, lo hojea con delicadeza y parece no escuchar. Después, con actitudes y comentarios, nos muestra que estuvo realmente cautivado por la historia, sin haber demostrado nada.

El adulto podría valorar más la manipulación de los libros que la lectura en voz alta, pero esto es un error porque para los nenes la manipulación de un libro es un elemento que no se puede disociar de la escucha: la manipulación no precede a la actividad interior del pensamiento, la acompaña desde el principio de la vida.

De manera análoga, si la melodía, las entonaciones del texto dicho o leído, son importantes para comunicar cantinelas e historias a los bebés antes de que ellos mismos puedan hablar, es sólo en la medida en que estas prosodias se asocian a todas las variantes de los sonidos articulados: la melodía no precede a las palabras, las dos están unidas en dos vertientes indisociables. Las entonaciones son llevadas tanto por los juegos silábicos como por el significado de las palabras. Al leer "tesoro sapo, horrible niño, ¡ah qué bello día invernal!, *am stram gram*..." recurrimos a entonaciones muy diferentes. Todas las secuencias verbales saltan, arrullan, cantan, crean una espera o una sorpresa con tonos, emociones que se declinan de modos muy variados.

La calidad poética en el conjunto sonoro, aunada a la exactitud literaria de las construcciones del texto toma aquí su lugar y la adquisición del lenguaje se realiza por medio de estos juegos mil veces repetidos.

En este intercambio alrededor de la apropiación de un texto, el niño no por silencioso está menos intensamente activo. No es raro que intervenga en un momento preciso para reanimar en el adulto el balanceo de la narración, entonando el estribillo que le da ritmo a la historia como "Y tira, tira..." al contar *El gran nabo* o "No dijiste ¡Splash!", onomatopeya tan marcada en las páginas ilustradas de *La cacería del oso* que acompasa el desarrollo del relato. Entonces el adulto a su vez le dará más ritmo a la historia. El lector está invitado así a "canturrear" mejor los libros, a hacer pasar su voz plenamente en cada palabra, a presagiar mejor el final de la historia leída. En resumen, el adulto toma las mejores lecciones prácticas para contar, con el niño sirviéndole de guía en este intercambio, el cual despierta al artista que habita en cada uno de nosotros.

## Los demonios de la rentabilidad

La tentación de lo utilitario, como la presión insistente para el aprendizaje precoz, reviste muchas variantes. Los demonios de la rentabilidad, por desgracia tan difundidos entre los adultos, se verán con frecuencia más afirmados en los grupos desfavorecidos o entre niños con grandes dificultades en su desarrollo.[42]

Para estos partidarios de lo útil, los textos y las ilustraciones tendrían que estar muy cercanos a lo cotidiano y al entorno habitual del niño. Estos defensores de las situaciones realistas en los libros para niños, ¿no están próximos a la corriente de la literatura edificante de principios de siglo XX, que hoy se prolonga con la utilización educativa de los libros? Desechan por completo la observación más elemental de los bebés, quienes han demostrado de manera fehaciente su preferencia por los relatos de imaginación, por los reinos encantados y los países de los ogros y las hadas, y por todo aquello que, justamente, escapa a la vida cotidiana, permitiéndonos soñar.

Los temas preferidos de los niños –como la pérdida y el reencuentro, el miedo, el humor, el juego, la glotonería o las adivinanzas– son aquellos que, como ya vimos, corresponden a sus primeras representaciones imaginarias. Los textos que les gustan son alimentos que convienen a su equilibrio, en el cual domina aún el pensamiento mágico, no racional.

[42] C. Tabet y B. Gillardin, *Retour à la lecture*, París, Retz, 1988.

Para entender que tres por dos son seis, primero hubo que jugar con toda una serie de relaciones fantasmáticas, incluyendo las relaciones maravillosas y mágicas. Si le hablas a un niño de París de lo que pasa en su calle o en el metro, no se entusiasma mucho, fuera del estímulo pasajero provocado por el reconocimiento de lo que le es familiar. Pero el universo del ensueño es aún más familiar para el niño pequeño, y esto es generador de pensamiento. ¿Como tener acceso a una reflexión sobre el mundo sin haber recorrido los territorios del sueño y de la poesía?

RENÉ DIATKINE

Encontramos esta mezcla estimulante en el relato maravilloso de las aventuras de *El niño del Metro.* Este niño, nacido en el metro, nunca salió de él. Se le informa que debe liberar a La Muette (*La Muda)* a quien el malvado gigante *Pelleport* hizo prisionera. Atraviesa todos los obstáculos en esos lugares maravillosos que llevan nombres de estaciones de metro, hasta entonces sólo imaginados. Conoce a los personajes del cuento del metro, los malévolos señores de *Les Gobelins (Los Gobelinos)*, el carnero de las praderas de *Denfert–Rochereau* y, guiado por la vela de una niña de *Faidherbe–Chaligny*, libera por fin a La Muda. Una vez cumplida esta hazaña, puede encontrarse con su madre bajo la luz maravillosa de la superficie de la tierra, con los juegos artificiales de la *Place des Fêtes (Plaza de Festejos).*[43] Este clásico de la literatura infantil se transmitió de generación en generación, embelleciendo sueños y recuerdos del paisaje parisino.

[43] Todos nombres de estaciones de Metro de París. (N. del E.)

Algunos libros en apariencia muy cercanos a la realidad son recibidos de una manera muy diferente por los pequeños. Como los álbumes de Byron Barton con ilustraciones que evocan la pintura de Fernand Léger. En *La obra* en el cual enormes máquinas están demoliendo una casa y excavan enormes hoyos, las grandes piedras rodando y la casa destruida impresionan a muchos niños, pero en las páginas siguientes, los obreros reconstruyen todo. Para el niño no existe ninguna moraleja sobre el trabajo en este relato. La pulsión destructora concuerda a la perfección con lo que el libro muestra, así como se manifiesta en los juegos de construcción con cubos o ensamblajes, en los cuales el niño destruye y reconstruye sin cesar.

Sin embargo, en el relato de una historia como ésta, ni el niño ni el adulto están encerrados en una versión única, y aquí es donde se percibe el talento del autor.

***No existen libros ni lecturas psicoterapéuticos***

La última moda en cuestión de rentabilidad consiste en poner entre las manos de los pequeños –sin darles a escoger– ciertos libros que se adaptarían a tal o cual momento preciso de su desarrollo y que se supone les ayudarían a resolver situaciones difíciles.

Para el uso de la bacinilla u orinal, un libro sobre la caca; para la siesta, un libro sobre la cama. Se nos piden con frecuencia libros para afrontar los misterios del duelo o de la sexualidad, o para una mejor comprensión (así se cree) de la adopción. Michèle Petit, en el coloquio de ACCES en octubre del 2000, hacía notar que la historia de Tarzán no se encuentra en ningún lado. Y sin embargo, cómo nutre Tarzán la imaginación y la razón.

Es muy triste que los libros para los bebés se vuelvan manuales de buena conducta desde temprana edad.

El niño piensa, sueña, y si se apropia el universo de los relatos para entender el mundo, es a su manera y según su gusto. Si fue traumatizado, si vive una situación difícil o compleja, existen para él dos vías en cada momento: encontrar soluciones al afrontar la situación o, por el contrario, olvidar lo que le pesa y refugiarse en el juego, lo cual le permitirá superar el evento de manera distinta pero igualmente válida. Esto funciona también para niños ansiosos o con perturbaciones más serias.

El niño, incluso en edad muy temprana, tiene gustos muy activos y adaptados a sus necesidades.

Rosa, una nena de cuatro años y medio, sufre de jaquecas y de vómitos. Reclama siempre que se le lean libros donde se habla de enfermedades. Le encantan las enfermedades de *El conejito enfermo* y de *La Vaca naranja*. Stella le ofrece los libros en una sesión y se entera de que el padre de la niña fue víctima de un traumatismo craneal y que estuvo hospitalizado seis meses, lo que deprimió mucho a la mamá. Cuando el padre volvió a casa, Rosa dejó de tener jaquecas; sigue pidiendo cuentos, pero sus elecciones se volvieron más variadas.

Rémi, de dos años y medio, viene con su papá e insiste mucho en presentarlo. Escoge *Osito pardo no tiene hambre*, y hace comentarios durante la lectura: "Mamá duerme", y luego, durante la lectura de *Cua Cua*, "Mamá se fue". El relato del patito buscando a su madre lo cautiva. Hace que se lo lean de nuevo y se lo lleva a su papá. Éste, un poco apenado, dice entonces que la mamá de Rémi los dejó seis meses antes.

A Sarah, de veinte meses, sólo le interesa la serie *Cuando papá duerme, Cuando papá llega,* etc., y nos enteramos de que su padre tiene un nuevo trabajo y está ausente muy seguido.

Podríamos multiplicar aquí los ejemplos que convencerían al adulto para dejar que el niño escoja él mismo y a su manera lo que le conviene.

Muchos nenes que viven situaciones difíciles no forzosamente vienen a escuchar historias que les recuerdan su drama o su dificultad: no es el momento de obligarlos a afrontar sus problemas. Y, no sé si hay que precisarlo, los libros y las historias nunca reemplazarán la relación directa con el bebé. Un enojo, una angustia deben ser calmados por gestos cariñosos, el adulto debe proporcionar verdaderas explicaciones al niño, arreglándoselas para encontrar las palabras y las ocasiones oportunas.

Los placeres de la lectura serían de lo más desabrido si se les redujera a sustitutos de remedios y pociones educativas. Un mal relato, un texto mal leído o mal dicho, son como alimentos indigestos. ¿Quién sabe si no podrían provocar efectos aún más tóxicos o si el aburrimiento que generan podría crear repugnancias precoces o aún enfermedades más graves del alma y del corazón como nos lo muestra alegremente este cuento de Boccaccio?[44]

Un alegre grupo de damas y caballeros decide dar un paseo a pie por la campiña florentina. Para pasar el tiempo agradablemente, uno de los caballeros propone contar una historia. "Madame Oretta, si me permitís, haré más

[44] Boccace (Boccacio), "Cuentos", citado por I. Calvino Lecons américaines, Aide-Mémoire pour un prochain millenaire, Gallimard, col. N.R.F., París, 1992.

ligera vuestra marcha al proponeros usar como montura una de las más bellas historias del mundo." A lo cual la dama responde: "Señor, os ruego que empeceis, nada me sería más agradable." De inmediato el brillante caballero, quien tenía una lengua bastante desatada empieza a narrar una historia de su invención, muy bella, pero repitiendo tres o cuatro, o seis veces lo mismo, regresando o avanzando cuando no se debía y exclamando todo el tiempo "me expreso mal". Se equivoca siempre en los nombres, tomando unos por otros y en resumen, desperdicia la ocasión sin dar al relato el tono requerido y a los personajes la calidad que merecían en el curso de los eventos, tanto que el efecto final es desastroso.

"Al escucharlo, Madame Oretta se sintió varias veces cubierta de transpiración, y creyó que su corazón dejaría de latir como si estuviera enferma y a punto de irse al más allá. Por fin y no soportando más, dijo de manera dulce: 'Señor, el caballo que me habeis propuesto trota muy bruscamente; por favor, tened la bondad de ayudarme a descender de él.'"

En nuestra época, los libros en voz alta permiten al niño cabalgar sobre el mundo de las historias en buena compañía.

Pero, como dijo el poeta: "¡No hay que forzar el propio talento, porque se puede perder la gracia!" La experiencia compartida con los textos literarios puede resultarles extraña y pueden, claro, escoger otras monturas, pero sepan que no hay distracción más deliciosa que la del tiempo pasado con historias hermosas en el momento del nacimiento de las palabras.

# ANEXOS

# El bebé y los libros… Veinte años después

En septiembre de 1999, la *Revue des livres pour enfants*, órgano informativo de La Joie par les Livres, publicó un número titulado "Los más pequeños y los libros".[45] Contribuí en ese número con un documento sobre la historia del nacimiento y del desarrollo de los proyectos ligados a los libros en la primera infancia.

He aquí algunos fragmentos significativos:

Entre los proyectos que sorprendieron en sus principios –siempre comenzábamos prudentemente nuestros textos con la frase "A riesgo de asombrar a más de uno…"– nos encontramos hoy con la segunda generación de padres, surgidos de medios con reputación no lectora, que recuerdan sus primeras animaciones de lectura cuando eran pequeños y que ahora solicitan lo mismo para sus propios hijos. ¡Cuánto camino recorrido! Relatar la historia de ACCES es volver a poner sobre la mesa las ideas y todo lo que estuvo en juego al principio, inscribiéndolos en una evolución permanente, con reflexiones a partir de las observaciones recopiladas durante las sesiones de animación. Trazaremos aquí los grandes pasos de esta evolución, que se fueron despejando poco a poco, tanto en nuestros propios proyectos como en intercambios con proyectos similares en Francia, Bélgica, México…

[45] *La Revue des livres pour enfants*, núm. 188-189, sept. 1999. Carpeta "Los más pequeños y los libros". Para la presentación de estos proyectos, ver el artículo de Zaïma Hamnache y Joëlle Turin, p. 67.

## Encuentros fundadores

El proyecto de brindar los libros y los cuentos al mismo tiempo que los cuidados maternos durante los primeros años de vida se inscribe en el marco de ciertos encuentros fundamentales; primero, el encuentro entre Geneviève Patte y el profesor René Diatkine en el coloquio de 1979 sobre la lengua escrita y las condiciones de su aprendizaje.[46] Los especialistas de la infancia luchaban entonces con la difícil cuestión de la inserción social de sujetos con poca o nula afición lectora, que culmina con el problema del analfabetismo. Esto atañe igualmente a los profesionales del libro. Paradójicamente, este terreno de experiencia que podríamos creer desolador pero que hace que la discusión sea necesaria, coincide con una corriente de fondo dentro de la cual los conocimientos sobre el desarrollo del niño adquieren gran importancia. No insistiré en este artículo sobre los cambios igualmente profundos que se están dando en cuanto a la reflexión sobre transmisión cultural, el lugar eminente de las lecturas infantiles y el desarrollo de las bibliotecas y de la presencia del libro en todos los centros educativos.

Otros encuentros: cuando surge este proyecto yo ya trabajaba en el servicio del doctor Tony Lainé, quien tenía desde entonces un gran compromiso en la región de la Essonne con varios centros culturales y bibliotecas para el seguimiento exterior de pacientes en situación precaria. Quisimos entonces extender más ampliamente servicios culturales y proyectos donde se apoyara a las familias.

[46] Las actas del coloquio "Las condiciones del aprendizaje de la lengua escrita", fueron publicadas bajo el patrocinio del ministerio de la Educación Nacional, CNDP, París, 1979.

Existen, en efecto, redes eficaces que tienen lazos privilegiados con la institución escolar y que trabajan junto con los servicios sociales y de prevención pero donde se confía poco en la capacidad del grupo familiar para asegurar la transmisión cultural indispensable al desarrollo del niño y a su integración a la comunidad –noción sobre la cual tanto insistió Jérôme Bruner.[47] Ya entonces les habíamos dado su valor tanto en la reflexión como en los proyectos, a los equipos ligados a la primera infancia. Si rememoro ahora estos datos iniciales es porque existen todavía equipos en este trabajo común alrededor del fracaso escolar o de otros problemas de inserción social, que desconocen la importancia de las bibliotecas y de las lecturas infantiles desde los primeros años de vida.

En este contexto de intercambios, los contactos con el Ministerio de Educación Nacional han tenido continuidad y solidez. La idea de crear estos proyectos paralelamente y de manera diferente a lo que se hace con los libros dentro de la escuela o de lo que se da entre la escuela y la biblioteca –y que tuvo gran desarrollo durante los ochenta– interesó a Jacques Beauvais, quien impulsó con gran apertura la formación especializada de los maestros, así como a Jean Hébrard cuya complicidad con René Diatkine y con Geneviève Patte a la cabeza de La Joie par les Livres data de tiempo atrás. Se trataba para estos miembros fundadores de que así como los niños se benefician de la escuela, también se beneficien de un acercamiento al libro en el ámbito familiar y en su comunidad, vivan

47 J. Seymour Bruner, L'Éducation, une entrée dans la culture, les problèmes de l'école à la lumiére de la psychologie actuelle, trad. Yves Bonin, Retz, París, 1996.

o no en una familia de "buenos lectores". Estos proyectos deben llevarse a cabo bajo la responsabilidad de los bibliotecarios, es decir, de personas competentes y suficientemente calificadas, de nivel profesional equivalente al de los servicios con los cuales tendrán que trabajar, y no únicamente armados con buena voluntad –la cual no excluimos–, voluntarios o no, y al mismo nivel que cualquier otro proceso educativo. He aquí el primer crisol.

Hemos de citar también el compromiso y el apoyo de los ministerios de la Cultura, de los Asuntos Sociales y de la Salud, que intervinieron de inmediato para hacer arrancar los proyectos y que permitieron que éstos se prolongaran.[48]

**Un número limitado de proyectos de animación**

Desde el comienzo hemos sido fieles a nuestros principios: no emprender nada sin que un servicio nos lo pida, o sin involucrar a la biblioteca de la comunidad; crear proyectos concebidos como el fermento para nuevas acciones, bajo la responsabilidad de un servicio del libro. Nunca consideramos llevar a cabo un gran número de proyectos de animación, ni tuvimos los medios para eso, por otro lado. Un pequeño equipo cuyo número de integrantes era siempre inferior al de cualquier servicio de base en un municipio no podía multiplicar los proyectos

[48] El apoyo y el compromiso del ministerio de la Cultura y del de Asuntos Sociales y de la Salud, si bien surgieron después de los primeros proyectos con los servicios públicos, permitieron que éstos se prolongaran y condujeron a la situación presente. De esta manera, desde 1989 en cualquier lugar de Francia es posible obtener un apoyo a proyectos de "libros y bebés" para todas las familias sin excepción, gracias al Convenio sobre el despertar cultural de la pequeña infancia, ratificado en 1989 por ambos ministerios.

y ése no era nuestro objetivo. Se trataba de trabajar para que los servicios, con sus propias competencias, llevaran a cabo ellos mismos los proyectos de libros para los bebés. Por esta razón, los programas incluyen una parte importante de intercambios alrededor de las observaciones, lo cual nos permite alimentar la reflexión. Se trata, pues, de proporcionar "instrumentos" teóricos que reposen sobre las experiencias que hemos tenido y que analizamos, de verificar y de validar los trabajos de investigación sobre los cuales fundamentamos estas prácticas nuevas. Estas modalidades han dado frutos y muchos proyectos han generado grupos que siempre tienen como referencias nuestros trabajos de campo, nuestros "observatorios", seminarios y coloquios, nuestras sesiones de sensibilización, nuestros videos (el primero de ellos muy difundido por La Joie par les Livres) y nuestras publicaciones. A partir de esto, otras asociaciones y otros servicios se constituyeron en Francia, cada uno con su propia personalidad. Examinamos con ellos el progreso de las animaciones, la presencia del libro y su utilización, la implicación de las familias o los lazos con las escuelas u otras instituciones educativas. En cuanto a nosotros, seguimos insistiendo sobre los lazos y los relevos que deberán establecerse con los servicios del libro en las municipalidades y en los departamentos. Nuestras animaciones se asocian comúnmente con acciones de

Estos invierten en apoyos y financiamientos por medio de fondos "descentralizados" de los proyectos de despertar cultural de la pequeña infancia en las regiones y departamentos del país. Estos apoyos se prolongan con los del ministerio de la ciudad, del ministerio de la Juventud y los Deportes, de la Fundación de Francia, del FAS (Fondo de Acción Social), de la Caja Nacional de Subsidios Familiares, de la Fundación para la lectura del Credit Mutuel y de numerosas colectividades locales, municipales y departamentales.

formación, (que nunca se organizan si no se asocian a una experiencia de animación en los mismos lugares). Tratamos de comprender cómo la extensión de estas prácticas es facilitada o frenada, cómo responde a las exigencias que nos fijamos y cómo puede ser desviada. Constituimos asimismo intercambios regionales, y juntos detectamos la evolución de prácticas e ideas y analizamos cómo pueden ser desviadas o incluso desvirtuadas.

Si bien debemos en primer lugar subrayar el éxito y la extensión real de las prácticas lectoras dirigidas a los bebés y a su entorno, es necesario también evocar la naturaleza de las resistencias con las que estas prácticas se enfrentan, puesto que éstas son todavía muy fuertes. Estas resistencias se oponen a una extensión satisfactoria de las prácticas (animaciones de lectura y juegos con los álbumes para los más pequeños), concebidas para que las familias que tienen problemas con la escritura se vean involucradas prioritariamente. Con mucha frecuencia, todavía se califica este acercamiento de "moda" o de "práctica social", mientras que desde un principio, para nosotros, se trata de una meta educativa fundamental y de una transmisión cultural al más alto nivel. Como lo dice Michel Defourny, esta primera literatura oral y escrita, cuyo vehículo son las imágenes y los textos, tiene un rol esencial en la transmisión de los mitos en nuestras sociedades occidentales. Y aun cuando se tratase de una marea ascendente (como ya lo dijimos en *Libre Accès* cuando hicimos el balance de una encuesta de evaluación en el departamento de la Essonne,[49] y de una práctica que se ha integrado en las

[49] Libre Accès, num. 14, sept 1996, especial "Libro y primera infancia", ediciones Acte 91.

costumbres quedan todavía muchos centros donde se recibe a los más pequeños, y muchas bibliotecas donde el personal está poco convencido del carácter esencial de lo que está en juego para cada niño en este proceso y de su impacto sobre los niños de otras edades. A lo largo de los años hemos advertido que existe una tendencia a prácticas rutinarias poco respetuosas de las actitudes que convienen a un bebé, a saber: acercamientos individuales dentro de un grupo; respeto –esto es imperativo– de su libertad de movimiento; tolerancia a sus comportamientos en apariencia de poca atención –con frecuencia asociados a una actividad motriz que acompaña constantemente los progresos en los primeros conocimientos–; respeto de su libertad de elegir sus libros preferidos; atención lo más discreta posible –pero tan enriquecedora– hacia sus propios procesos de apropiación del libro, de las historias, de las cantilenas y de cualquier otro relato en texto y en imagen; importancia también de que los padres estén en el proceso sin ser excluidos ni juzgados.

No se trata aquí de ideas teóricas poco accesibles, sino de conclusiones simples, a las cuales llegan sin excepción los equipos después de decenas de animaciones que duran varios meses. A condición, sin embargo, de intercambiar sus conocimientos, entre equipos de animadores de la primera infancia como entre bibliotecarios, y sabiendo escucharse los unos a los otros. Ahí está probablemente el problema en algunos casos... Esta escucha mutua va de la mano con una escucha respetuosa de los padres. Lleva hacia descubrimientos que trastocan las ideas preconcebidas sobre las capacidades de los bebés y las de sus padres durante el establecimiento de los primeros lazos.

Esas resistencias (que ceden si se logra poner en marcha intercambios con los profesionales alrededor de las experiencias de animación) nos llevan a volver siempre, sin miedo de repetirnos, a las ideas que originaron nuestras acciones. Las acciones culturales tempranas, al momento de los primeros lazos del niño con la familia, se situan en un momento particularmente oportuno, puesto que los padres no se sienten juzgados de manera condescendiente. Su saber es precioso, son ellos, los padres y madres, los que educan al niño pequeño; son ellos hoy y desde siempre los que le permiten adquirir la lengua "materna", la que se construye e intercambia con los primeros cuidados maternos. Estos intercambios, como lo demostró Winnicott después de Freud, constituirán durante toda nuestra vida la primera plataforma sobre la cual se construye el edificio de nuestras experiencias culturales.

***Una visión nueva de la primera infancia***

Quisiera dar algunas pistas sobre la corriente dominante y general en el acercamiento al desarrollo infantil. Sin embargo, no se trata de detallar esos datos ciertamente revolucionarios comparados con los conocimientos anteriores sobre el psiquismo, pero que no son indispensables para llevar a cabo proyectos de libros para bebes. Son en efecto nociones complejas, todavía no muy familiares para el publico no especializado, y que requieren cierta experiencia, aun cuando cada uno supone que sabe cómo funcionan, porque el espíritu humano razona en este tema como esa niñera a quien se le preguntaba si tenía algún conocimiento de los niños pequeños: "¡Claro, si yo misma fui niña...!", para recordar la famosa anécdota de Freud.

Pero adentrarnos en esas nociones nos permitirá entender mejor la fuerza y la naturaleza de las resistencias que encontramos tan a menudo.

En los inicios de la psicología, hace apenas cien años, se describía a unos seres más o menos eficientes desde el nacimiento, portadores o no de taras hereditarias que determinaban su rango en la escala de la "degeneración de su constitución" –según el esquema de los ataques degenerativos del sistema nervioso central, cuyo funcionamiento acababa también de descubrirse. La evolución del pensamiento se concebía como lineal, con un potencial poco modificable fuera de su maduración o del surgimiento de una enfermedad. Luego, diferentes escuelas psicológicas destacaron un funcionamiento autónomo del aparato psicológico con su dinámica propia. Dentro de este nuevo punto de vista se planteó de esa manera una nueva igualdad básica de los seres humanos. Cierto, los potenciales difieren en el inicio, y algunos rasgos –¡cómo negarlo!– son hereditarios, pero eventuales desigualdades innatas son, en su mayoría, mucho menos impactantes de lo que se había pensado sobre la continuación del desarrollo del individuo.

No reproducimos el molde de la constitución heredada de nuestros antepasados, como lo demuestra Albert Jacquard.[50] Durante siglos se pensó que la tierra era plana. ¡Y luego tuvimos que verla de otra manera! Del mismo modo, los conocimientos psicoanalíticos a partir de la experiencia clínica demostraron también que el desarrollo del psiquismo no es lineal, pero que todo lo que adviene en él se

[50] A. Jacquard, *L'Équation du nénuphar*, Calmann-Lévy, 1998.

construye en dos tiempos: una primera impronta durante la infancia, que está destinada a ser modificada en la resaca de un segundo tiempo (al momento de la segunda maduración sexual, propia del ser humano, en la adolescencia). Este modelo, con sus dos etapas de la constitución del "yo", primero en el niño y luego de nuevo al principio de la edad adulta, imprime en toda experiencia psíquica humana el carácter de algo en fase de elaboración: cada experiencia en el presente se reelabora así sobre las huellas escritas en la memoria. Tal concepción, lejos de atribuir a los acontecimientos de la niñez un determinismo irremediable, por el contrario, permite vislumbrar cambios positivos en el caso de muchos individuos gracias a nuevos encuentros. Una experiencia cultural es una vía privilegiada para liberar a alguien de las trabas que lo mantienen en los rieles del pasado. Después de Freud, se exploró este continente tan oscuro que representa el pensamiento del niño pequeño, antes de la constitución del lenguaje, y se descubrieron modos de pensamiento que permanecerán para siempre desconocidos y que sin embargo debemos evocar con palabras. Así, desde la pequeña infancia se forjan modos de ser que encontramos cada día y cada noche, y que marcan nuestra manera de concebir al mundo, tanto en su materialidad como en la cultura (las dos además indisociables). Si bien desconocemos por completo cómo es el pensamiento de un bebé, al mismo tiempo éste está latiendo vivo, en el fondo de nuestra memoria. Pero si reconocemos que unas vivencias tan antiguas han constituido en parte nuestras emociones o nuestro "instinto", resulta más difícil asumirlo cuando se trata de ideas más complejas, más racionales. ¿Cómo podría aceptarlo nuestro pensamiento de adulto, limitado, encerrado en el lenguaje? Tenemos una clave: es posible establecer pasajes, puentes, gracias a una palabra que se puede enunciar, sin que se necesite forzosamente un intercambio. Ésta es la primera función de los relatos que se cuentan (o se leen) al bebé: juegos de rimas, primera literatura, y primeros cuentos. Éste es también el papel de la música, de las imágenes, de las formas que se ponen a la disposición de los niños; las cantilenas y las canciones de cuna están en el centro de esa primera trasmisión cultural, y las encontramos en los primeros álbumes. No obstante, el adulto necesita intercambios con palabras, y no sólo en la experiencia inefable o lúdica de la intimidad entre el bebé y el adulto que lo cuida. Por eso, al igual que la madre misma, atribuimos al bebé, gracias a una ilusión anticipadora, las cualidades de todo un interlocutor, como si sus logros venideros ya estuvieran aquí. Y de nueva cuenta los relatos juegan un papel: la madre debe destacar los atractivos de las historias de la niñez para dirigirse mejor a su príncipe o a su princesa y devorar –con besos– a su lobito, o a su lindo sapo, antes de continuar con conversaciones mucho más serias para un bebé de hecho bastante sorprendido. Pero sin esos disparates, sin esa gratuidad, el bebé crece de manera incompleta. Porque así son las palabras que las mamás, al igual que todos los que cuidan al bebé, pronuncian todos los días y luego olvidan. Se entiende que narrar un cuento a un nene implica también inmiscuirse en este espacio íntimo entre la familia y el niño. Esto puede provocar cierta incomodidad y, por lo tanto, requiere de mucho tacto de nuestra parte.

Una buena táctica sería apoyarse en la cultura tradicional de las cantilenas para impulsar la lectura de un álbum, en algunos casos perturbador para los padres, pero que atrajo la atención del niño.

Año tras año, mostramos en nuestros libros, a partir de datos tomados de las observaciones que hemos realizado, cómo los niños escogen ellos mismos las historias que les convienen. Muy pronto reaccionan mejor, se divierten más, con tal cantilena, tal canción, y tal primer álbum. Mejor aun, su elección corresponde a su fase de desarrollo, lo cual siempre maravilla a los que lo rodean. Juegos de escondidas, historias de objetos perdidos y reencontrados, cóleras y rechazos juguetones se alternan en los primeros relatos. Luego vienen los juegos con los primeros miedos seguidos de calma y consuelo, durante el descubrimiento que el bebé hace del vasto mundo. Sin embargo, en demasiados casos todavía se le niega esa libertad de elegir individualmente sus primeras historias, la cual es tan necesaria para un buen desarrollo de todo niño pequeño. Todavía resulta dificil para los equipos lanzarse en lo que al parecer se percibe como un terreno reservado a los padres (entonces ¿reservado a los padres lectores únicamente?). Tenemos que constatar, de nuevo, que la experiencia de un placer compartido, pero también el contacto con otros profesionales poseedores de un amplio conocimiento de las reacciones del bebé y de su circulo familiar, siguen siendo el mejor camino para lograrlo.

# Experiencias

Los bebés tienen el poder de hacer que la generación anterior renazca para sí misma. Los adultos recobran en su presencia un placer muy antiguo, y pueden identificarse con la capacidad de cambio de un niño pequeño.

Al intervenir con los bebés, con el descubrimiento de su apetito por los libros y las historias, hemos querido no sólo luchar contra el empobrecimiento cultural sino también sacar a los mejores lectores de su torre de marfil a fin de ayudar a cada uno para que reencuentre las fuentes del placer de leer compartidas por todos.

Es posible que nuestra propuesta de dirigir de manera prioritaria las animaciones con libros hacia los sectores con problemas sociales haya sido mal entendida. Se podría objetar –lo cual es pertinente– que estamos atacando sólo las insuficiencias culturales ligadas a la miseria cultural, pero que dichas insuficiencias existen también en sectores más favorecidos. Basta observar qué tipo de adolescentes y preadolescentes se han visto involucrados en actos de vandalismo en fechas recientes para comprobar que las carencias culturales tambien están ligadas a familias con recursos económicos suficientes. Pese a ello, preferimos no canalizar por el momento nuestros esfuerzos en esta clase media, la cual vive conflictos culturales más complejos. De hecho, frente a la actual difusión de la literatura y de los libros, las actividades con los libros, al desarrollarse, corren el riesgo de beneficiar primero a las capas de la sociedad que tienen más fácil acceso al mundo cultural, lo cual no es por cierto el objetivo, porque esto ensancharía el foso entre niños de diferentes clases sociales.

Además, la experiencia nos enseña que cuando una biblioteca desarrolla un proyecto para los barrios o zonas rurales más desfavorecidos, el conjunto de la población de la misma se beneficia con ello. Las guarderías y las escuelas primarias se vuelcan hacia la lectura de libros ilustrados, lo mismo se hace en los jardines de niños, allí donde los padres también son lectores. Todos colaboran en la medida de lo que pueden.

ACCES ha trabajado en dos direcciones complementarias. Por un lado, al organizar seminarios y grupos de trabajo con intercambios entre profesionales: equipos de PMI, maestros de sección maternal, y un pequeño equipo de profesionales del libro. El psicoanálisis es sólo una interpretación que confrontamos con otros puntos de vista: conocimiento del niño y de su familia, acercamiento al medio social en dificultad, conocimiento de la literatura para la juventud.

Pero el psicoanálisis –quiero decir un psicoanálisis comprometido–, tal como lo indica René Diatkine en su prefacio, constituye un acercamiento indispensable que nos permite observar y transmitir datos que no son todavía muy aceptados hoy en día. Por ejemplo, las capacidades paternales y el primer desarrollo psíquico son análogos en todas las clases sociales. Aun cuando el niño muy pequeño y sus padres se encuentran inmersos en grandes dificultades, no es la pertenencia social la que daña el lazo padres–hijo en los primeros años de la vida, hasta los tres años y un poco más, porque hasta esta edad las obligaciones sociales no vienen a agravar con su peso las dificultades. Citemos una vez más a René Diatkine: "las desventajas socioculturales no son una tara ni una fatalidad, son una desgracia" .

Por otro lado, apoyamos el despliegue de animaciones con los libros llevadas a cabo con las bibliotecas, extra muros, acercándose a las familias más desfavorecidas, pero sin aislarlas, sin contribuir a su exclusión. Por esa razón las animadoras–cuentistas llegan con sus cestas de libros a los lugares donde se encuentran estas familias, sin crear una presión suplementaria para los padres o para los que cuidan a los niños.

Se trata de sesiones de animación generalmente semanales y concebidas para que puedan ser replicadas fácilmente si una biblioteca toma el relevo, y si a esta práctica se asocian intercambios regulares sobre las observaciones cosechadas durante las animaciones. Para que los intercambios se mantengan auténticos y duraderos se debe dar a las narradoras y animadoras de libros para niños un papel central en estos encuentros.

¿Cómo describir el enriquecimiento que conlleva este trabajo con los libros, considerando que nosotros mismos insistimos en que hay que verlo o practicarlo para creer en sus resultados, en su eficacia y para convencerse del beneficio que aporta a todos? Algunas experiencias, que poco hemos mencionado hasta ahora, pueden ayudarnos en este caso.

En el departamento del Essonne, en un camión itinerante de consultas PMI para los pequeños municipios, se mantiene desde varios años un trabajo regular e intenso alrededor de los libros. El camión, por cierto, ostenta un gran numero de libros ilustrados con fotos de niños en interacción con libros.[51] Para gran sorpresa de su tripulación, hasta fue calificado de "bibliobús" por un comentarista de TV, durante un reportaje. Las consultas, las vacunaciones, los consejos se dan en un entorno de libros narrados, prestados, etc. Las interacciones son en general muy positivas, pero algunas familias conservan algo de hostilidad.

No se da ninguna instrucción: el encanto de las propias historias, el contagio entre familias, actúan por sí solos. El "camión" es frecuentado por grupos familiares aislados, encerrados en sí mismos o rechazados socialmente en mayor o menor grado. Entre ellos, familias de gitanos, inmigrantes o lo que podemos llamar los "migrantes interiores" (familias francesas mal integradas a los suburbios que viven en condiciones materiales precarias y que con frecuencia dan más problemas en cuanto a su inserción en la colectividad que los dos primeros grupos). Un primer intento de préstamo de libros para las madres de estas familias aisladas en las cuales el libro nunca ha penetrado tuvo como resultado un semi fracaso: únicamente el préstamo de álbumes para los pequeños funcionó de manera durable, y con mucho éxito.

El equipo del camión de esas consultas presta libros y trabaja intensamente con las bibliotecas municipales o con depósitos de libros alimentados por los bibliobuses o las bibliotecas departamentales, en las cuales también se prestan libros. Un lazo se estableció igualmente con

[51] Boletín y documentos ACCESS.

las escuelas maternales, pues el equipo de salud está con frecuencia implicado en el inicio de la vida escolar.

En esas escuelas maternales,[52] las animadoras se instalan con una variada selección de libros en un local cercano a las aulas, a veces en un corredor, y cuentan historias a un pequeño grupo de niños. Reina allí una libertad total. La maestra invita a algunos niños al rincón de los libros, pero no insiste nunca en que vayan. Llegan de varios salones de clase, se empujan, se leen historias entre ellos, manipulan los libros mientras la voz familiar de la lectora cuenta una historia tras otra, a pedido de los niños. Es, según dice la animadora, "un trabajo de 'padre y madre', en el cual las familias también deben estar implicadas. Pero hay que dejar cierto tiempo para que los padres que no son lectores se acerquen".

En Saint–Michel–sur–Orge, donde desde hace veinte años existen las animaciones con libros, en las dos guarderías familiares, y en el "Bebé Club", la biblioteca organizó un préstamo de libros, en los días en que las Asistentes Maternales[53] venían a cobrar su salario. Una asistente maternal explica que en su casa instaló un "rincón de libros". Algunos niños llegan muy temprano y molestan a los vecinos, pues hacen mucho ruido. Entonces ella les lee libros durante el desayuno, en los cojines que puso en ese rincón. Otra asistente cuenta que le lee a los niños al final de la jornada.

52 L'éveil culturel du tout petit par le livre, ADNSEA, Lille, 1990.

53 Las asistentes maternales son mujeres que cuidan niños en su propia casa, pagadas por los servicios sociales de cada municipio. Para esto, deben acreditar un examen y su hogar debe pasar por estrictas evaluaciones en cuanto a higiene y seguridad. (N. de la T.)

En ese mismo barrio, un niño viene con su familia al consultorio de prevención PMI, en el cual se desarrollan también animaciones de lectura. Los niños a quienes les cuesta mucho separarse de sus madres modifican completamente su actitud durante esas animaciones en la sala de espera. Entre los juguetes y los libros, los bebés escogen con frecuencia estos últimos, se los llevan a la animadora; van y vienen entre sus mamás y la persona que está narrando. La separación del bebé y su madre se hace de manera gradual, mucho mejor en este caso que una separación demasiado abrupta al entrar a la escuela.

En los consultorios de PMI las madres tienen comportamientos variados. A veces parecen tomar distancia o siguen conversando entre ellas, pero a menudo, una vez que el libro es leído, agradecen a la narradora, quien hasta entonces podía estar un poco decepcionada por esa aparente falta de interés. También sucede que mamás se llevan libros en préstamo.

En un suburbio de París, la biblioteca municipal trabaja de manera regular con uno de los PMI de la ciudad. Las educadoras de la escuela maternal, quienes por otro lado frecuentan la biblioteca con sus grupos, dicen que pueden reconocer fácilmente a los niños que vienen de allí. En efecto, antes de saber leer, los niños que se beneficiaron de animaciones de lecturas regulares tienen un comportamiento diferente: están más familiarizados con los libros y los cuentos, escogen ellos solos, tienen gustos más afirmados y los utilizan como los verdaderos pequeños lectores. Los niños de otros barrios son más tímidos, más difíciles de "amansar".

Otra experiencia realizada por el proyecto "Lis avec moi" (Lee conmigo), de la asociación de salvaguarda de la región

Nord-Pas-de-Calais (ADNSEA), se dirige a gente económicamente desfavorecida. Su acción se desarrolla en el local de la asociación Amitié et Partage (Amistad y Reparto) de la ciudad de Roubaix, la cual acoge a ciento cincuenta familias para distribuir alimentos y ropa. Esta iniciativa da lugar a un intercambio, a un acompañamiento y a algunos servicios: alfabetización, ayuda escolar, diversos talleres... La animadora llegó a una de estas sesiones, como siempre, sin imponer nada, presentando sus libros a los niños mientras que los padres aguardaban su turno en la sala de espera.

Los primeros contactos fueron bastante incómodos, pues las familias guardaban su distancia, mostrando desconfianza. Los niños, inseguros, se pegaban a sus padres y los padres se negaban a soltar a sus hijos: "No va a querer, no quiere soltarme, lo rompe todo... no vale la pena..." Al cabo de algunas semanas, los primeros intercambios comenzaron tímidamente, las madres empezaron a poner atención. Algunas incluso se acercaron a contar cuentos sobre la alfombra, junto a la animadora.

Estas observaciones confirman el resultado de las investigaciones que ya citamos, y que demuestran que el gusto por la lectura surge tempranamente pero disminuye luego en medios no lectores cuando el niño crece. Los pequeñitos de cuatro a catorce meses fueron seducidos por el libro, se le acercaron y se apoderaron de los álbumes, suscitando el interés de su familia y por contagio, el de los otros padres. Por el contrario, los niños de más de dos años no vinieron espontáneamente hacia los libros; para ellos eso requirió de mucho más tiempo.

Para lograr una difusión más amplia de las primeras obras literarias para los bebés y su entorno se necesitan relevos con los servicios ya existentes; ahí está todo el problema. La biblioteca, como ya vimos, da seguimiento a un ciclo de animaciones. Después de una serie de intervenciones en el barrio de Belleville en el distrito XI de París, llevadas a cabo durante el mismo periodo en la escuela maternal, en el consultorio PMI y en un centro de alfabetización, las maestras continuaron con las animaciones[54] fuera de clases. ¡Seguimos "creando acceso"[55], nos dijeron!

Buscamos crear en un principio y a partir de los servicios donde trabaje un responsable del grupo ACCES, una red fácil de reproducir en otras municipalidades, en otras regiones. Cada uno de nuestros proyectos se centra en un lugar de animación, a menudo uno de los servicios de la Protección Materna e Infantil, una plataforma –lo cual por desgracia no siempre se reconoce– de trabajo con la primera infancia, o también en una guardería familiar cuando los niños están en grupo con sus asistentes maternales. Siempre estamos en contacto con un servicio del libro, biblioteca o depósito asociado a un bibliobús.

En Bretaña, ACCES de la región Armor (asociación autónoma), centró sus acciones en la gira de un camión itinerante. Una camioneta fue acondicionada para esto y equipada con quinientos libros aproximadamente. Los álbumes están a la vista y el vehículo está animado por la responsable de la asociación. Nos gusta ese aspecto de

[54] Observatorio Regional Libros y Bebés, 1991-1992, Informe DRAC, Misión regional pequeña infancia, región Rhône-Alpes, ediciones ALIS, Villeurbanne.

[55] "Faire accès", juego de palabras entre accès (acceso) y el nombre de la asociación.

"cueva de tesoros". Cuando llega a algún lugar, se evoca con frecuencia la caverna de Alí Baba. Lo ligero de su estructura permite una gran flexibilidad y propicia aventuras siempre posibles en complicidad con los servicios de la primera infancia y las bibliotecas. A veces, la camioneta se estaciona frente a los locales que reciben la animación. En otros casos, la animación tiene lugar en el interior del camión. Nuevas aventuras son entonces posibles: en los mercados, en los conjuntos de multifamiliares, en los terrenos concedidos a los gitanos, en la escuela, fuera de las clases, a la salida, en presencia de los padres invitados con sus hijos a esos viajes imaginarios que tanto les gustan. Un trabajo anticipador de los relevos –que permite extender los proyectos que pueden germinar en lugares inesperados– es desde luego nuestra primera preocupación. Para dar a conocer esos libros y hacer accesibles sus diversos registros (sorpresa, fantasía, emoción), el trabajo conjunto con las bibliotecas es esencial. Asimismo, "Lire à voix haute" (Leer en voz alta), de la región de Normandie realiza un recorrido análogo con animaciones de libros para los más pequeños y sus familias, compartiendo con ACCES un camión itinerante que circula también en la Essonne. En los pueblos y campos pobres de la región de Caux, los libros para bebés tienen un público asiduo. Los documentos citados al final de este volumen describen de manera profunda estos proyectos y sus métodos. Tendríamos que describir tantas iniciativas en las cuales los saberes y las experiencias sobre el desarrollo inicial del niño dentro de la familia, ligados a un buen conocimiento de los primeros libros (esos primeros fermentos culturales) dan sus frutos en una dinámica sorprendente…

Asimismo, otros proyectos surgen de bibliotecas o de servicios departamentales del libro, y nosotros compartimos nuestras experiencias, comunicamos nuestras observaciones, intercambiamos los frutos de nuestra reflexión. Grenoble, Villeurbanne, Aubagne, son ciudades que tienen desde hace mucho tiempo sus proyectos de libros con la primera infancia, aunados a sus servicios de bibliotecas. El consejo general del departamento de la Seine–Saint–Denis tiene sus "buzones de libros"... Con pocos medios pero con una gran calidad profesional, la mediateca de préstamo del departamento de la Ardèche ha programado formaciones, préstamos de libros para los bebés en una región muy rural. Por desgracia no podemos citar todos los proyectos.

En otros lugares, se han desarrollado las asociaciones. En la región Nord–Pas–de–Calais, el importante proyecto "Lis avec moi" (ADNSEA); en Rhône–Alpes, "Antarès", basado en la mediateca de Bron; en Aquitaine, es alrededor del centro regional de las letras que los proyectos encuentran sus apoyos. Una asociación recién nacida: Lire en París (los libros para la integración y el rechazo de la exclusión), que pone en marcha numerosos proyectos en común con la oficina de bibliotecas y los servicios de la PMI y de la primera infancia, cuyos responsables están muy comprometidos. Jóvenes en contrato Emploi–Jeunes,[56] han sido formados como mediadores del libro para aplicar estas nuevas prácticas y trabajar concertados con los equipos de los servicios públicos. Una feria del libro "bebés lectores" tiene lugar cada dos años en Bourgogne desde 1985, a iniciativa de PROMOLEC...

[56] Contrato de primer empleo para jóvenes, apoyado por el gobierno

Hemos contagiado igualmente a diferentes departamentos de ultramar y a países extranjeros. Tenemos intercambios regulares con Bélgica, con Luxemburgo y con México, donde han tenido lugar varias sesiones de formación; hemos intervenido en Turín, Salamanca, Ramallah y Rabat.

*La Revue de livres pour enfants* (La Revista de libros para niños) publicó un expediente para evaluar los proyectos de libros para la primera infancia en Francia, en el que cualquier lector interesado encontrará una gran riqueza informativa.[57]

La práctica de las animaciones con los libros para los niños más pequeños no se aprende sólo en cursos y en conferencias. Si los ciclos de formación son únicamente teóricos, si no hay un periodo de animación real y regular, los bonitos discursos sobre el interés de las historias y los libros para los bebés se quedan en lo formal, creando a menudo escepticismo en quienes se ocupan de los niños; por lo menos ésta es nuestra experiencia.

Un buen ejemplo es la formación de las asistentes maternales, quienes aspiran hoy en día a mayores competencias en el dominio de la primera infancia y reclaman una formación de calidad. Menos apoyadas y con menos estímulos en su medio profesional que el personal de las guarderías, estas nodrizas modernas se encuentran con frecuencia divididas entre su referencia a una práctica y a un saber antiguos, sobre los cuales reposa su relación afectiva con los bebés, y su demanda de conocimientos actualizados.

[57] Un reportaje de calidad producido por el canal cinco (un canal educativo) dentro de la serie "Fête des bébés" narra con fortuna una experiencia como ésa, con la mediateca de Saint-Michel-sur-Orge (suburbios de París) y con las Asistentes Maternales.

La lectura recuerda a menudo situaciones escolares o culturales desagradables. Cuando alguien en un curso exclama espontáneamente: "¡Pero, si yo no hice eso con mis propios hijos!", podemos adivinar, por el silencio un poco incómodo que se instala de inmediato, todos los malos recuerdos de la escuela o de las barreras culturales de la persona. "En cuanto a lo que nuestros padres hicieron con nosotros, ni hablar." Reticencias indecibles afloran de manera por completo inesperada, en todas las categorías sociales y profesionales. Durante una animación, alguna mirada se vuelve recelosa y una frase brota, teñida de animosidad: "Eso no les interesa a los niños; ese cuento les provoca pesadillas." Después de un tiempo de "domesticación", se da el reencuentro con un placer antiguo que resurge, el placer del descubrimiento de las palabras...

Esto sucede de manera muy distinta cuando simplemente proponemos una animación alrededor del libro, como si presentáramos una función de marionetas, de danza o las lindas imágenes de una linterna mágica.

Las situaciones de lectura y manipulación de libros despiertan la adhesión del adulto si no hay en ellas obligaciones. Esta mezcla de sentimientos, de sensaciones, de procesos intelectuales muy elaborados, propios de cada uno de nosotros no puede hacerse más sociable de golpe.

Durante los intercambios cotidianos en la elaboración de proyectos educativos entre diferentes servicios especializados de ayuda a familias en dificultad aparece otro fenómeno. Nos reunimos en general alrededor de familias cuyas vidas están llenas de obstáculos; lo que compartimos es duro y con frecuencia repetitivo; en algunos casos, insalvable, imposible de resolver.

Frente a lo grave de sus dificultades, nos sentimos impotentes y desanimados.

El trabajo entre los servicios sólo llega a coordinarse al final del proceso, una vez que las dificultades están instaladas y que son difícilmente reversibles. Al trabajar en paralelo con los servicios de bibliotecas, buscamos alentar a esas familias y también a los equipos.

Si bien el acceso a las actividades de una biblioteca es mejor cuanto más temprano se facilite, descuidar luego el tiempo que aún hoy llamamos "extra escolar" (el tiempo libre), e intervenir esencialmente en actividades ligadas a lo escolar, termina por reforzar indirectamente las desigualdades. Se forma un abismo entre los "herederos", los favorecidos de la cultura escrita que tienen, durante su tiempo libre otro tipo de relación con los libros, y los más pobres, de esta forma otra vez dejados en el abandono.

Sin embargo, lo interesante con los libros y los relatos es que una experiencia, por limitada y discreta que sea, tiene repercusiones imprevisibles, que, sin embargo, pueden resultar muy extendidas.

## ACCES
# Acciones Culturales Contra las Exclusiones y las Segregaciones

ACCES REÚNE RESPONSABLES de servicios públicos para poner en marcha acciones de cultura–salud–prevención: bibliotecas, centros culturales, escuelas y centros de actividad extra escolar, servicios de la primera infancia, de prevención, servicios de salud y médico–psicológicos.

Fijamos como prioridad las experiencias que aspiran a poner en contacto a los libros con los bebés y su círculo familiar.

Estas acciones de prevención, crean condiciones favorables para el aprendizaje de la lengua escrita. Más aún: favorecen un desarrollo óptimo de la personalidad, junto con una mejor comunicación entre las generaciones, reforzando el potencial de inserción en la comunidad.

Las experiencias realizadas son fáciles de reproducir al utilizar las posibilidades ya existentes, si llegamos a coordinar los servicios implicados, en particular los servicios de la primera infancia y los servicios relacionados con el libro.

Una estructura asociativa tipo ley 1901 (Asociación Civil) permitió reunir los créditos para incitar a los diferentes servicios públicos.

ACCES es recibido en el seno de los servicios que organizan actividades, con una voluntad de movilidad y de flexibilidad y con una estructura asociativa que pretende permanecer ligera, a fin de privilegiar los contactos en el terreno.

ACCES propone animaciones, intervenciones, formaciones, carteles y videos.

Una exposición: *Livres en voyage (Libros viajeros)*

Una extensa documentación

Un sitio Internet desde 2002

ACCES organiza regularmente coloquios, encuentros y difunde sus actividades.

Sus proyectos han recibido el apoyo de las siguientes instituciones:

Ministerio de la Cultura, Ministerio de Asuntos Sociales y de la Ciudad, acuerdos con el Ministerio de la Juventud y los Deportes, Fondo de Acción Social de la Fundación de Francia, de la Fundación para la lectura del *Crédit Mutuel,* Fondo de innovación social de la región Essonne, de las colectividades territoriales y la ayuda de mecenas y donadores privados.

En sus inicios, ACCES tuvo como presidente a su fundador, el profesor René Diatkine (1916–1997). A él le siguieron la doctora Marie Bonnafé con Edith Bargès, Marie–Claire Bruley, Christine Moulin, Sabine Noël, la Dra. Thérèse Pajot, Jacqueline Roy. Después han estado Blandine Aurenche, Sylvie Amiche, Martine Camber, Michel Defourny, Aline Hébert–Matray, Claudine Lefèbvre y Tamara Savitsky.

En 2000 el consejo de administración se amplió, con Serge Boimare, Françoise Fontaine, Françoise Ballanger, Elisabeth Bergeron, Evelio Cabrejo–Parra, Michèle Petit, la doctora Anne Commeau, Bruno Dell'oste, François Rouyer Gayette. (Todos los miembros del Consejo de Administración de ACCES son profesionales de la infancia o bibliotecarios, universitarios o investigadores).

Zaïma Hamnache es la directora, en colaboración con Ourida Aliouane, Marie–Claire Bruley y Joëlle Turin. Rabella Oubouzar es la coordinadora.

El equipo de animadoras y formadoras: Natalie Grattard, Véronique Auclair, Fatima Berdous, Catherine Finkel, Christine Inserra, Danièle Demichel, Valérie Millet, Nathalie Virnot.

Contacto: ACCES propone documentos, datos e intercambios para la elaboración de proyectos.

Un boletín: *Les cahiers d'ACCES (Los cuadernos de ACCES)*

Domicilio Social: 1, rue Hector Malot, 75012, París.

Local y dirección postal: 28, rue Godefroy–Cavaignac, 75011, París.

Correo electrónico: acces.liberabebe@wanadoo.fr

Teléfono: 33 01 43 73 83 53

Fax: 33 01 43 73 83 72

ACCES. Acciones culturales contra las exclusiones y las segregaciones, Asociación Civil.

Presidenta: doctora Marie Bonnafé.

# Bibliografía recomendada para la edición en lengua española por Eva Janovitz, a partir del modelo propuesto por ACCES para la edición original.

## Las preferencias de los más pequeños

Más que una bibliografía exhaustiva hemos querido proporcionar aquí algunas de las preferencias de los más pequeños en materia de libros a partir de la oferta disponible en nuestro idioma.


1. *¡A bañarse!* Taro Gomi. Faktoría K. (España)
2. *A la cama Hipo.* Marcus Pfiste. Juventud. (España)
3. *Con amor de bebé.* Texto de William Lach e ilustraciones de Mary Cassatt. Serrés. (España)
4. *Chigüiro y el baño.* Ivar Da Coll. Babel libros. (Colombia)
5. *Chigüiro y el lápiz.* Ivar Da Coll. Babel libros. (Colombia)
6. *Chumba la cachumba.* Tradición hispanoamericana, ilustraciones de Carlos Cotte. Ediciones Ekaré. (Venezuela)
7. *¿De qué color es la cebra?* Teresa Noboa. Alfaguara. (Argentina)
8. *¿De quién es el hueso?* K's Kids Production. Combel. (España)
9. *El arte de la baci.* Jean Claverre y Michelle Nikly. Lóguez (España)
10. *El baño de Élmer.* David McKee. Fondo de Cultura Económica. (México)
11. *Espero un hermanito.* Marianne Vicoq. Corimbo. (España)
12. *Historias de Babar el elefantito.* Jean de Brunhoff. Alfaguara (Colombia)
13. *Lola y Lalo.* Martha Alexander. Fondo de Cultura Económica. (México)

14. *Los changuitos.* Conafé. (México)
15. *Los sueños.* Anne Gutman, Georg Hallensieben. Juventud. (España)
16. *Maisy se va a la cama.* Lucy Cousins Lucy. Serrés. (España)
17. *Maisy te quiere.* Lucy Cousins. Serrés. (España)
18. *Mis siete colores preferidos.* Marie-Hélène Gros, Eric Gasté, Océano Travesía. (México)
19. *Mis animales en blanco y negro.* Xavier Deneux, Océano Travesía. (México)
20. *¿Qué rueda?* Alain Crozon. SM. (España)
21. *Qué te gusta más.* Texto de María Luisa Valdivia Dounce. Ilustraciones Trino. Conafé.(México)
22. *Toc, toc, ¿quién es?* Amanda Leslie. Combel. (España)
23. *Tu y yo, Osito.* Martín Waddell/Barbara Firth. Kókinos. (España)

## Las preferencias de los que empiezan a hablar

1. *¿Cómo era yo cuándo era bebé?* Jeanne Willis, Tony Ross. Editorial Norma. (Colombia)
2. *Cosas que me gustan.* Anthony Browne. Fondo de Cultura Económica. (México)
3. *Cuando es hora de ir a la cama.* Nick Butterworth. Juventud. (España)
4. *El rey mocho.* Carmen Berenguer. Ekaré. (Venezuela)
5. *El rojo es el mejor.* Kathy Stinson. Ekaré. (Venezuela)
6. *En el baño.* Andrea Wayne von Königslöw. Ekaré. (Venezuela)
7. *Ernesto.* Didier Lévy/ Gilles Rapaport. Corimbo. (España)
8. *¡Fuera de aquí, horrible monstruo verde!* Ed Emberly. Océano Travesía. (México)

9. *Los besitos.* Anne Gutman, Georg Hallensleben. Juventud. (España)
10. *Los disfraces de Maisy.* Lucy Cousins. Serrés. (España)
11. *Mientras se enfría el pastel.* Claudia Rueda. Serrés. (España)
12. *No.* Susie Morgensten. SM. (México)
13. *¿No duermes, Osito?* Martín Waddell/Barbara Firth. Kókinos. (España)
14. *Onga Bonga.* Freda Wishinsky/Carol Thompson. Juventud. (España)
15. *¿Quieres ser mi amigo?* Eric Carle. Kókinos. (España)
16. *Shhhhhh.* Juan Gedovius. SM. (México)
17. *Trucas.* Juan Gedovius. Fondo de Cultura Económica. (México)
18. *1,2,3 gatitos.* Michel van Zeveren. Ekaré. (Venezuela)
19. *Yo siempre te querré.* Hans Wilhelm. Juventud. (España)
20. *Yo tenía diez perritos.* Ilustraciones Laura Stagno. Ekaré. (Venezuela)

## Las preferencias de los que van al jardín de niños

1. *Ardilla miedosa.* Mélanie Watt. SM. (México)
2. *Botas nuevas.* Guido van Genechten. Juventud. (España)
3. *Carlos.* Ivar Da Coll. Alfaguara. (Colombia)
4. *El día que naciste.* Robie H. Harris/ Michael Emberley. Serrés. (España)
5. *El catálogo para hadas.* Gardner Rally. Serrés. (España)
6. *El regreso a clases de Roberta.* Silvia Francia. Ekaré. (Venezuela)
7. *El sapo hechizado.* Rapi Diego. SM. (México)
8. *Faltan 10 minutos para dormir.* Peggy Rathmann. Ekaré. (Venezuela)

9. *Historias de ratones.* Arnold Lobel. Kalandraka editora. (España)

10. *Inés del revés.* Anita Jeram. Kókinos. (España)

11. *Juguemos en el bosque.* Adaptado e ilustrado por Mónica Berna. Ekaré. (Venezuela)

12. *La mosca.* Gusti. Serrés. (España)

13. *La pequeña pulga Nicanora.* Annuska Angulo/Juan Pablo Romo. Rocio Mireles Gavito.

14. *León y Beto.* Simon James. Castillo. (México)

15. *Lorenzo está solo.* Anaïs Vaugelade. Corimbo. (España)

16. *Los cocodrilos copiones.* David Bedford. Ekaré. (Venezuela)

17. *Mamá.* Mario Ramos. Korimbo. (España)

18. *Oscuro muy oscuro.* Ruth Brown. Océano Travesía. (México)

19. *Pastel para enemigos.* Dereck Munson/Tara Cavan King. (España)

20. *Pedro es una pizza.* William Steig, Cynthia Krupat. Editorial Norma. (Colombia)

21. *¡Pequeños! ¡Pequeños!* Jean Maubille. Océano Travesía. (México)

22. *¡Qué valiente!* Lorenz Pauli/Katrin Schaarer. Juventud .(España)

23. *¿Qué hace un cocodrilo por la noche?* Kathrin Kiss/Emilio Urberuaga. Kókinos. (España)

24. *Sopa de ratón.* Arnold Lobel. Ekaré. (Venezuela)

25. *Soy grande, soy pequeño.* Kathy Stinson. Ekaré. (Venezuela)

26. *Trucas.* Juan Gedovius. Fondo de Cultura Económica. (México)

27. *Un lobo así de grande.* Nathalie Louis-Lucas, Kristien Aertssen. Océano Travesía. (México)

## El descubrimiento del vasto mundo

La conquista de la autonomía pasa por el deseo de dejar la casa y el seguro universo familiar para ir a ver cómo funciona el mundo. Los demás, los viajes, el universo en marcha con sus máquinas, sus medios de transporte, la naturaleza y sus secretos… ¡tantas cosas por descubrir!

1. *Contigo.* Anne Laupréte. SM. (México)
2. *Dibujemos juntos.* Mimi Thebo/Jessica Meserve. Castillo. (México)
3. *Dorotea y Miguel.* Keiko Kasza. Norma. (Colombia)
4. *El lugar más maravilloso del mundo.* Jens Rassmus. Libros del zorro rojo. (España)
5. *El milagro del oso.* Wolf Erlbruch. Lóguez. (España)
6. *El milagro del oso.* Wolf Erlbruch. Lóguez. (España)
7. *El punto.* Meter H. Reynolds. Serrés. (España)
8. *El ratoncito sale a comer algo.* Lyn Rossiter. Océano. (México)
9. *El sapo distraído.* Javier Rondón. Ekaré. (Venezuela)
10. *Ernesto: un viaje largo en piernas cortas.* Castillo. (México)
11. *Esa hormiga es un ser vivo.* Lee Hee Ju/ Kim Kyung-jin. Altea. (España)
12. *La importancia de los zapatos.* Gerardo Suzán. Nostra. (México)
13. *La luna.* Anne Herbauts. Kókinos. (España)
14. *La vida salvaje. Diario de una aventura.* Claudia Rueda. Océano Travesía. (México)
15. *León y Beto.* Simon James. Castillo. (México)
16. *Lola descubre el agua.* Canela/Mónica Weiss. Sudamericana. (Argentina)
17. *Mamá fue pequeña antes de ser mayor.* Valerie Larrondo. Kókinos. (España)

*18. Niños valientes.* Manuela Olten, Serrés. (España)
*19. Rica sopa de cola.* Jeng Hae-Wang. Altea. (España)
*20. Siete ratones ciegos.* Ed Young. Ekaré. (Venezuela)
*21. Todos sois mis favoritos.* Sam Mebratney. Kókinos. (España)
*22. Tres con Tango.* Richardson, Justin y otros. Serrés. (España)
*23. ¿Tú qué quieres ser?* María Cristina. Libros del zorro rojo. (España)

## Los libros de estampas

Al nombrar, designar las cosas por su nombre, el niño se apropia del mundo. Distingue sus elementos y, al hacerlo, empieza a dominar la realidad. Desde el clásico libro de estampas o láminas que propone en cada página la representación de un objeto junto con la palabra que lo designa, hasta las imágenes que ocupan toda la página, ofreciendo miles de posibilidades de relato, todo es posible; entre la palabra del adulto y la del niño (o sus gestos), la historia se construye, se elabora, siempre diferente para una misma imagen.

*1. ¡Ámame mamá!* Erika Martínez/Irma Margarita Sada. (México)
*2. ¡Cuí, cuí, cuidado! Animales al volante.* Marilyn Pérez Falcón. Ediciones Ekaré. (Venezuela)
*3. ¡Qué horror!* Florence Parry Heide, Jules Feiffer. Serrés. (España)
*4. ¿Dónde está el pastel?* The Tjong-Khing. Castillo. (México)
*5. ¿Quién ha visto las tijeras?* Fernando Krahn. Kalandraka. (España)
*6. Del otro lado del árbol.* Mandana Sadat. Fondo de Cultura Económica. (México)

7. *El desastre.* Claire Franek. Ekaré. (Venezuela)
8. *El jardín de Babaï.* Mandana Sadat. Kókinos. (España)
9. *El secreto.* Eric Battut. Kókinos. (España)
10. *Flotante.* David Wiesner. Océano Travesía. (México)
11. *Formas.* Claudia Rueda. Océano Travesía. (México)
12. *La sorpresa.* Sylvia van Ommen. Fondo de Cultura Económica. (México)
13. *Me gusta.* Javier Sobrino. Kókinos. (España)
14. *Mi dinosauro.* Mark Alan Weatherby. Kókinos. (España)
15. *Pregúntame.* Antje Damm. Editorial Anaya. (España)
16. *Yo veo.* Alejandro Magallanes. SM. (México)

## Los cuentos

Los cuentos tradicionales son una fuente esencial en la literatura para los primeros años de vida. Si no son demasiado complejos, estos relatos mágicos encantan al niño mucho antes de que sepa hablar y ejercen luego su hechizo a lo largo de toda la vida.

1. *Agua Salada.* Varios autores/Manolo Hidalgo. El pequeño editor. (Argentina)
2. *Cierra los ojos.* Georg Hallensleben. Juventud. (España)
3. *Cuenta ovejas.* Sergio de Giorgi. Viviana Garáfoli. Scholastic. (EUA)
4. *De cómo el tigre aprendió a contar.* Janosh. Kókinos. (España)
5. *Dos perros y una abuela.* Olga Monkman. Alfaguara. (Argentina)
6. *Dos ranas.* Chris Wormell. Juventud. (España)
7. *Dos ratones, una rata y un queso.* Claudia Rueda. Océano Travesía. (México)

8. *Edu, el pequeño lobo.* Grégoire Solotareff. Corimbo. (España)
9. *El león que no sabía escribir.* Martín Baltscheit. Lóguez. (España)
10. *El viejo Tomás y la pequeña Hada.* Dominique Demers, Stéphane Poulin. Juventud. (España)
11. *La bruja diminuta.* Takako Hirono. Juventud. (España)
12. *La cama mágica.* John Burningham. Kókinos. (España)
13. *La sandía.* Gerardo Suzán. Patria. (México)
14. *Los conquistadores.* David McKee. Kókinos. (España)
15. *Mi pingüino Osvaldo.* Elizabeth Cody Kimmel. Kókinos. (España)
16. *Noches de papel.* Gilles Tibo. Celta Amaquemecan. (México)
17. *Papá León y sus felices hijos.* Janosh. Kókinos. (España)
18. *Papá por favor consígueme la Luna.* Eric Carle. Kókinos. (España)
19. *Pato va en bici.* David Shannon. Juventud. (España)
20. *¿Quién se sentó sobre mi dedo?* Laura Devetach. Colihue. (Argentina)
21. *Ramón Preocupón.* Anthony Browne. Fondo de Cultura Económica. (México)
22. *Saltamontes en el campo.* Arnold Lobel. Alfaguara. (México)
23. *Sopa de calabaza.* Helen Cooper. Juventud. (España)
24. *¡Soy el más fuerte!* Mario Ramos. Corimbo. (España)
25. *Stelaluna.* Janell Carmon. Juventud. (España)
26. *Te quiero, niña bonita.* Levis/Dyer. Serrés. (España)
27. *Tragasueños.* Michael Ende. Juventud. (España)
28. *Un día de lluvia.* Claudia Rueda. Océano Travesía. (México)
29. *Un globo tan bonito como la luna.* Komako Sakai. Corimbo. (España)
30. *Un regalo diferente.* Marta Azcona/Rosa Osuna. Kalandraka. (España)

31. *Valentín y sus papás*. Marlis Scharff Kniemeyer/Jana Frey. Juventud. (España)
32. *Yaci y su muñeca.* Cuento de Brasil. Ilustraciones de Gloria Carasusan. Juventud. (España)
33. *Yo, Claudia.* Triunfo Arciniegas, Margarita Sada. Castillo. (México)

## Canciones, rimas, poesía

Las cantilenas de nuestro patrimonio, cuando se dirigen a los bebés, son a la vez esos pequeños juegos cantados y hablados que tienen que ver con el cuerpo del niño y lo acompañan en el descubrimiento de sí mismo, y todas esas pequeñas fórmulas herencia de la tradición, juegos de rimas, poesías, trabalenguas que juegan con las palabras, la lengua y los ritmos.

1. *Anita quiere jugar.* Graciela Montes/Elena Torres. Alfaguara. (Argentina)
2. *Cocodrilo.* Antonio Rubio, Oscar Villán. Kalandraka. (España)
3. *Cuentos en verso para niños perversos.* Roald Dahl. Alfaguara. (México)
4. *Chamario. Libro de rimas para niños.* Eduardo Polo, Arnal Ballester. Ekaré. (Venezuela)
5. *Dichos de bichos*. Alberto Blanco, Patricia Revah. Alfaguara. (México)
6. *El gato que duerme*. María Cristina Ramos. Océano Travesía. (México)
7. *El sapito glo glo glo.* José Sebastián Tallón, Miguel de Lorenzi. (Argentina)
8. *Gato embotado y enamorado.* Silvia Dioverti, Idana Rodríguez.

Monte Ávila Editores. (Venezuela)

9. *Girando la luna.* Fiona del Mar, Claudia de Teresa. El Naranjo. (México)

10. *Había una vez una princesa.* Graciela Montes. Alfaguara. (Argentina)

11. *Hasta el ratón y el gato pueden tener un buen trato.* Silvia Molina, Cecilia Rebora. Cidcli. (México)

12. *La pobre viejecita.* Rafael Pombo, Ana Ochoa. Conaculta. (México)

13. *La vaca de Humahuaca.* María Elena Walsh. Alfaguara. (Argentina)

14. *Libro de Nanas.* Varios autores. Media vaca. (España)

15. *Los dichos del Universo.* Conchi González. Alhuila. (España)

16. *Nana Caliche.* Gloria Morales Veyra/Mari Rodríguez. Conafe. (México)

17. *No me maravillaría yo.* Luz María Chapela, Liliana Felipe. Libros del Rincón SEP. (México)

18. *Once damas atrevida.* Xosé M. González (Oli), Helle Thomassen. Kalandraka. (España)

19. *Pastorcita.* Rafael Pombo, Alekos. Alfaguara. (Colombia)

20. *Pon, pon ¡A jugar con el bebé!* Josefina Barceló Jiménez. Universidad de Puerto Rico. (Puerto Rico)

21. *¿Qué te picó la hormiga de los pies a la barriga?* Isaías Isabel, Pablo Prestifilippo. Cidcli. (México)

22. *Quiero ver una vaca.* Enrique Fierro/compañía de objetos el pingüinazo y Marcelo Betto. El pequeño editor. (Argentina)

23. *Riquirrirrin y Riquirrán.* Martha Acevedo, Trino, Petra ediciones/ Libros del Rincón. (México)

24. *Sana que sana.* María Cristina Ramos. Océano Travesía. (México)

25. *Taca taca- tan.* Francisco Delgado Santos, Mako Villagómez

Jiménez. Libresa. (Ecuador)

26. *Tito, Tito.* Isabel Schon, Violeta Monreal. Editorial Everest. (España)

27. *Tres cocodrilas del cocodrilar.* Floria Jiménez, ilustraciones de Álvaro Borrasé y Mary Anne Ellis. Norma. (Colombia)

28. *Una isla bajo el sol.* Stella Blackstone, Nicoletta Cecoli. Destino. (España)

29. *Una mariposa riza que risa.* María Cristina Ramos, Cristina Leganzzi. Océano Travesía. (México)

30. *Una señora iba…* Ruth Kaufman y Alicia Zaina/Saúl Oscar Rojas. Cántaro editores. (Argentina)

31. *Una vaca entre las coles.* Stella Blackstone. Ediciones Omega. (España)

## El universo familiar y el mundo de los sentimientos

1. *¡A la cama pequeño monstruo!* Mario Ramos. Corimbo. (España)
2. *Abuelos.* Chema Heras, Rosa Osuna. Kalandraka. (España)
3. *Ahora no Bernardo.* David Mckee. Alfaguara. (Colombia)
4. *Bajo la manta.* Jean Maubille. Océano Travesía. (México)
5. *Boni y su fiesta de cumpleaños.* Mark Birchall. Castillo. (México)
6. *Bravo Tanya.* Patricia Lee Gauch. Serrés. (España)
7. *Como todo lo que nace.* Elizabeth Brami. Kókinos. (España)
8. *Cuéntame otra vez la noche en que nací.* Jaime Lee Curtis, Laura Cornell. Serrés. (España)
9. *David ¡NO!.* David Shannon. Everest. (España)
10. *David va al colegio.* David Shannon. Everest. (España)
11. *El libro de los cerdos.* Anthony Browne. Fondo de Cultura Económica. (México)
12. *El punto.* Peter H. Reynolds. Serrés. (España)

13. *La cama de mamá.* Joi Carlini, Morella Fuenmayor. Ekaré. (Venezuela)

14. *La siesta.* Silvia Nanclares, ilustraciones El ático. Kókinos. (España)

15. *Los secretos de abuelo sapo.* Keiko Kasza. Norma. (Colombia)

16. *Me parezco, me parezco…* Edgar Romás, Ana Sanfelippo. Cidcli. (México)

17. *¿Me quieres o no me quieres?* Carl Norac, Claude K. Dubois. Corimbo. (España)

18. *Mi laberinto.* Pablo Guerrero, Emilio Urberuaga. Kókinos. (España)

19. *Niña Bonita.* Ana María Machado. Ekaré. (Venezuela)

20. *Niños Valientes.* Manuela Olten. Serres. (España)

21. *¡Papaáá!* Carles Cano./Paco Jiménez. Anaya. (España)

22. *Pequeña mancha.* Lionel le Néouanic. Castillo. (México)

23. *Pipí en la hierba.* Magali Bonniol. Corimbo. (España)

24. *Ramón Preocupón.* Anthony Browne. Fondo de Cultura Económica. (México)

25. *Siempre pienso en ti.* Catie Appelt y Jane Dyer. Juventud. (España)

26. *Soy demasiado pequeña para ir al colegio.* Lauren Child. Serrés. (España)

27. *Te quiero niña bonita.* Rose Lewis, Jane Dyer. Serrés. (España)

28. *Un papá a la medida.* Davide Calí, Anna Laura Cantone. SM. (México)

29. *Willy el tímido.* Anthony Browne. Fondo de Cultura Económica. (México)

30. *Zoológico.* Anthony Browne. Fondo de Cultura Económica. (México)

## Historias con itinerarios y repeticiones

Las historias con itinerarios, los cuentos con cantilenas y repeticiones proponen relatos en los cuales los niños encuentran a la vez el sentimiento de la permanencia, el placer de la anticipación, y el de la novedad a través del elemento que se introduce en cada secuencia, y que hace progresar la historia hasta su desenlace.

1. *Benito y el chupón.* Barbro Lindaren, Olor Landström. Castillo. (México)
2. *Buenas noches, luna.* Brown, Margaret Wisse/Hurd, Clement. Ed Sitesa, Ed. Rayo. (México, España)
3. *Confundiendo historias.* Gianni Rodari, Alessandro Sanna. Kalandraka ediciones. (España)
4. *Dentro del sombrero.* Juanjo Sáez. Kókinos. (España)
5. *El topo que quería saber quién se había hecho aquello en su cabeza.* Werner Holzwarth Wolf Erlbruch. Altea. (España)
6. *Esto no es.* Alejandro Magallanes. SM. (México)
7. *La paloma encuentra un hot dog.* Mo Willems. Entrelibros. (España)
8. *Los opuestoros.* Sebastián García Schnetzer. Brosquil. (España)
9. *¿Quién ha sido?* Ben Redlich. Juventud. (España)
10. *¿Quién salta?* Katie Davis. Juventud. (España)
11. *Rumbo a las Galápagos. Una semana en el Pacífico.* Laurie Krebs/Grazia Restelli. SM. (México)
12. *Tres osos.* Cliff Wright. Juventud. (España)
13. *Vamos todos de Safari.* Laurie Krebs, Julia Cairs. Ediciones Destino. (España)

14. *¡Vaya apetito tiene el zorrito!* Claudia Rueda. Serrés. (España)

## El gusto por lo extraño

Aliado al placer de lo conocido, existe también el de lo inesperado. La atracción que ejerce lo familiar en los pequeños no es exclusiva; también les fascina lo "nunca visto": animales exóticos, criaturas insólitas, atmósferas diferentes y hasta fantásticas, palabras desconocidas. Placer estético, mundo de la poesía y del arte, tan necesario al hombre y a su progenitura...

1. *Cambios.* Anthony Browne. Fondo de Cultura Económica. (México)
2. *Cómo reconocer un monstruo.* Gustavo Roldan. A-Z Editora. (Argentina)
3. *El túnel.* Anthony Browne. Fondo de Cultura Económica. (México)
4. *El libro del Osito.* Anthony Browne. Fondo de Cultura Económica. (México)
5. *El leon de regalo.* Uri Orlev, Jacky Gleich. Norma. (Colombia)
6. *Encender la noche.* Ray Bradbury, Noemí Villamuza. Kókinos. (España)
7. *Me gustan los monstruos.* Gemma Sales Amill. Juventud. (España)
8. *¡Nec-Nec, Ris-Ras!* Bárbara Jean Hicks/Alexis Deacon. Juventud. (España)
9. *¡Papá!* Philippe Corentin. Juventud. (España)
10. *Rosi en el tren fantasma.* Phillip Waecter. Norma. (Colombia)

11. *Sapo tiene miedo.* Max Velthujs. Ekaré. (Venezuela)
12. *¡Scric scrac bibib blub!* Kitty Crowther. Corimbo. (España)
13. *Un cuento de Oso.* Anthony Browne. Fondo de Cultura Económica. (México)

# Índice

Esta obra fue impresa en abril de 2010
en los talleres de Servicios Empresariales de Impresión S.A. de C.V.,
que se localizan en la calle de Juan N. Mirafuentes 44 bodega 8,
colonia Barrio de los Reyes, en la ciudad de México, D.F.
La encuadernación de los ejemplares se hizo
en los mismos talleres.